出走．朝聖的最初

This is Camino.
this is my Way

阿光（游湧志）著

目錄

【推薦序一】

清理，從這一頁啟程

林佳龍
前交通部長／現為無任所大使

農曆年前拿到了湧志的新書手稿，剛好可以在除夕空檔一氣呵成讀完，發現這眞是一本很適合在新舊年轉換期間幫助內在清理的好書。華人社會習慣在過年期間打掃家裡，除舊布新也期許來年新希望。西方社會則習慣在「降臨期」（Advent）間，爲了接引內在基督的降臨，在心靈層次進行一番反省清理與感恩，並在徹底洗滌心中的聖杯後，爲接下來的十二個聖善夜裡種下良善的種子，迎來冬至後逐漸開展的那道光。恰巧在除夕夜閱讀了此書，除了幫助我更了解身旁多年工作夥伴的另一個面向，似乎也因此洗滌擦亮了自己的內在聖杯與心中明鏡。

跳出來承認其實有點尷尬。沒錯，我就是湧志序文中寫到的那位。他從當兵後就一直跟著我工作了十六年、和他互動關係已經有點僵化且陷入制式模式的老闆。

湧志是在二〇〇六年加入團隊，當時的我決定從零開始扎根台中。面對著充滿不確定性的未來，湧志陪著我一步一步打地基，也像個大哥哥一樣地照顧團隊的成員。十六年來，他總在身邊默默補位、溫暖每一個人，一直到我卸下市長職務，他才終於有機會稍微停下來爲自己做點事，照顧一下微恙的身體，也爲突然離別的媽媽盡點心意。

泡杯熱茶翻開手稿，讀到序文的第一瞬間，注意力和好奇心就被引了出來。我熱愛閱讀，也喜歡旅遊，但是好像沒遇過像這樣從哲學省思破題、探索自我、又談生命心靈互動的旅遊書籍。相較之下，一般單純只介紹美食美景和住宿比價的旅遊書似乎突然都略顯物質化了。邊喝著熱茶的我，不覺得自己在翻閱旅遊書，反而經由書中的文字和圖片，閱讀到一個生命在旅途中，因著與他人的互動和情境的觸動，獨自走過一段內在的對話與省思。書中的文字不難，卻也很難；可以看得很快，也能細細品嚐。閱讀中的我，心中不時閃過一些想法和自我對話。這是一本旅遊書嗎？還是一本心靈成長書籍？我發現自己在除夕夜被一本旅遊書籍洗滌了心中的明鏡，在窗外傳來的陣陣鞭炮聲中，帶著平靜安定的心，不知不覺地跨越到新的年頭。

旅遊是體驗也是個考驗，否則就不會常常耳聞情侶或家庭出遊吵架了。一個人走上朝聖之旅，相信一定有很多的內在對話與成長。念頭一個個地升起，一個個地在心中經過「自我辯證、自我肯定、自我否定、自我提升」的淬鍊，這樣的心靈狀態的確很修行。我喜歡書中經由旅途經驗的體會而提到的哲理領悟，也喜歡書中關於個人生命史的省思和生命觀的分享。處於物質社會飛快轉速中的我們，常常慾望很多，困擾也很多，跳脫不了物質社會的定義框架和成功階梯設定。這本書似乎能讓被捲在這股漩渦裡的我們，暫時放慢腳步、提醒自己要偶爾深深吸進一口空氣中的清新靈感，伸展調整一下我們的內在姿勢，問問自己「我是誰」、「要往哪裡去？」盤點一下自己一路走來已經有多豐盛了，能奉獻什麼給世界，也記得環顧四周欣賞一下路上的風景與他人的豐收。

就像聖雅各朝聖之路有屬於它的典故與神聖之處，世界各地因著歷史與文化的更迭，也有各種的朝聖之路，台灣當然也有我們的朝聖之路。依照不同的主題，有人將環島或登玉山視爲朝聖之道、有人追尋百岳、有人走遍古道，有人隨媽祖繞境，當然也有人依著原住民文化、生物特有種、宗教和歷史典故，進行屬於自己的朝聖之旅。我和家人在幾年前曾經走過台灣七條國家級綠道之一的「淡蘭古道」，這條清朝時期從「淡水」到「噶瑪蘭」的交通要道是北台灣拓墾史上重要的一段，原住民、漢人、洋人和日本人都在此留下了他們的足跡，同時也是候鳥的航道和昆蟲的蝶道。或許有一天走完這七條國家級綠道，將會成爲我們全家的朝聖記憶。

其實，湧志並非孤單的旅人，因爲他總是帶著「小王子」去旅行，在朝聖路上的所見所思，都環繞著小王子的溫馨提醒：一個人只有用心去看，才能看到眞實，因爲最重要的東西只用眼睛去看，往往是看不見的。是的，朝聖之路無處不在，端視我們在生命當下重視的是什麼元素，就可依此來規劃屬於自己或家人朋友的朝聖之路。就像湧志建議的，「就出發吧！」有時候想很多、想太多，寸步難行，不如就從邁開第一步開始，生命裡冒險的品質自然就會顯現。或許，也誠如奇美創辦人許文龍說的，一無所有反而無所不有，兩個零加起來原來可以是∞（無限大）。看完書後，您也來啟動自己專屬的朝聖之路吧！擦亮心中的聖杯，迎進一道清新的曙光。

【推薦序二】

獨一無二的生命朝聖之旅

許麗玲
法國高等研究實踐學院　宗教學博士
《巫路之歌》、《老鷹的羽毛》作者；人間魚品牌創辦人

認識湧志二十多年，當年我還在撰寫博士論文，同時在輔大宗教學系兼任了幾堂宗教與文化人類學的課。當時三十幾歲的老師與臺下二十來歲的學生在求知的路上眞的是赤誠相見，記憶中的湧志十分投入課堂上議題的討論，不過最常看到是他靜靜作筆記的模樣。湧志畢業後我先後出版了兩本書，在新書發表會後，我們單獨見面深談，那次談話讓我印象極爲深刻，因爲他告訴我：「我其實一直能『接收』到許多的訊息。」湧志認眞地談論起這件事，時隔久遠，我已忘了詳細內容了，依稀記得我告訴他：「能感應超自然訊息是人類及萬物與生俱來的能力，只是在文明社會中，我們不只是遺忘了這個本能，還會對這種現象投射諸多的恐懼或過度的想

像。」當時的一番談話之後，沒想到湧志就此勇敢遵循內在的訊息與指引，走出一條獨特的生命之路。

之後，湧志加入林佳龍團隊深耕台中，二十多年過去，再見面時老師老了，而當年的年輕學子也經歷了人生種種。我也跟著許多人稱湧志爲「阿光」。他說喜歡這個名字，因爲「光」象徵智慧、希望與勇氣。他所投入的政治團隊始終堅持理想，其間經歷諸多考驗，聽著阿光在講述他們團隊所做的事時，我發現他完全是以生命投入其中，用心之深令人動容。

去年，透過臉書重新取得聯繫，和他約在台中見面，那天聊了整整一下午。我才知道原來阿光是以輔大宗教學系作爲第一志願。這讓我好驚訝，當年的學生大都是因爲宗教系的分數較低而被錄取，少數是因爲家中有道壇，所以選擇宗教學系。阿光作爲一個高職生投入大學聯考已經是少數，竟然以輔大宗教學系爲單一目標（當年台灣只有輔大成立宗教學系），阿光說：「我會選擇宗教學系是因爲從青少年時，就很清楚自己眞正想要的是內在的追尋與生命的探索。」我想只有像他這麼純粹的人，才能一路遵循內在的指引走入心靈世界的探索以及生命的實踐。

疫情前，阿光幾乎每一年都會給自己一段時間，到世界各地去參訪各個靈山聖地。當我聽著他娓娓道來每一趟旅程的心得，以及從內到外的領悟與突破，我便建議他一定要將這些歷程集結出版，因爲這些寶貴的心靈經驗可以幫助許多人。原以爲阿光每日有忙不完的工作，這些書要出版可能得等上好幾年，沒想到他只用一個月的時間就完成了這本書，這得歸功於他隨時記錄下每一個心靈際會。

阿光在書中強調：「別模仿他人的朝聖之旅！」我想，阿光想要說的是：「生命是如此獨一無二，每個當下都是！」當我們習慣於開車靠導航、出遊時配備幾本旅遊指南，我們就錯過了生命的探索與冒險的品質。其實，每一個人生旅程中看似迷失與誤區，可以造就更深、更廣的發現與生命格局。

從年輕時爲了內在的追尋而選擇宗教學系，到奮力躍入政治選擇一個地方深耕，阿光純粹且獨特的生命朝聖，數十年來始終如一！透過文字，阿光分享的是個人密契、神聖的內心世界，我相信這本書的出版，能讓更多人將生命的重心放在心靈探索與生命的投入，只要能多影響一個人，重視自身獨一無二的生命並且開始走上內在的朝聖之路，這個世界也會因而更美好！

【推薦序三】
我眼中的兩個他

賴靜嫻
寶島聯播網董事長

二〇一九年初夏的午後，喝著茶與湧志聊起他即將要出發的朝聖之路。

彼時，他剛經歷了一波又一波的人生海嘯，人生中one and only的老闆連任市長失利，緊接著身體在長期高壓勞累下提出了抗議，疑似肝腫瘤警報響個不停，而最重的一擊是摯愛母親的突然離世，卻連最後一面都錯過了……。眼前這位準朝聖者，尚未出發就被命運海嘯重磅出擊，身心俱疲。

習慣與湧志見面時擁抱，當天他正爲自己滿身汗感到抱歉，解釋著正在進行的腳力訓練，所以這些日子的移動都用走路來行進。看他攤出大大小小地圖，爲這三十幾天的旅程做了滿滿功課與備註，看到湧志追求靈性上的渴望，我更相信這趟聖雅各之行，將會是他獨一無二且收穫滿滿的療癒旅程。

我問他這趟朝聖之旅什麼最難？他毫不猶豫地說：「買機票決定出發最難。」我大笑地表示不能同意再多了。因爲當時我剛從ＡＢＣ基地營爬山回來，我在走了第四天開始，便常常留意有沒有經過「Ｈ」符號的停機坪，可惜尼泊爾沒有Uber直升機服務，不然兩週的苦行應該會自動被我減半成一週。而我ＡＢＣ基地營故事的版本和湧志有一樣的開頭，推坑的好友跟我說：「去ＡＢＣ最難的是報名，我會幫你解決那個最困難的部份！」看著眼前這位文青朝聖者，他堅定要帶上旅伴小王子，而我則是堅持要他帶登山杖。在簡單的持杖走路練習後，湧志將那對登山杖放入背包中，我衷心地祝福這種「靈魂先行、體力後補」的策略可以蒙混過關。

我和湧志相識於二〇〇六年，他初來乍到台中，投身市長的輔選工作，總是在候選人身旁帶著淺淺笑意，細心聯絡每一個環節，是照顧團隊每個人的專業幕僚。十幾年來，隨著自己老闆身分起伏調整心態，無論老闆是總統府副秘書長、立法委員、市長、部長、甚或只是一介平民，湧志處事的態度不曾改變。他的工作處境，無論面對支持者的善意反饋，還是挑戰者的批評指教，這個zone1幕僚要隨時整合資訊，提供建議讓老闆趨吉避凶。而老闆的理念和願景能不能平行輸入給所有人，化成一個個按讚的支持度，他總是念茲在茲。我從他的談話與行動中，發現這位政治幕僚的人生舞臺上，第一男主角無疑是他老闆，也難怪他的幕僚群總是笑稱：「這是眞愛無誤！」

湧志又叫做阿光，他希望成爲自己和別人的光，帶來希望和智慧。如同前面所提到的，他的工作環境要面對政治現實的競爭衝突，但在他身上卻感覺不到緊張或是憂慮的情緒，或許這跟他對生命以及靈性的追求有關。每次見到阿光總是會看見兩個他，工作上的他，一個心心念念老闆的理想，又要兼顧可行性的政治幕僚；另一個他，是心靈花園的主人，他總是排出時間上心靈課程，甚至到遙遠的南美學習印加薩滿，在他的勤耕守護之下，小花園美善向榮，也默默含光。在追求靈性成長和步步精算的政治幕僚間，阿光的轉換毫無違和感（甚至是富有美感），每次見面我對他在最世俗之地踩踏出靈性花朵而驚喜連連。此外，他也總會適時提醒習慣於舒適圈的我，生活中除了不假思索的反應，還有各種層面需要去觀照。

謝謝阿光無保留地分享，除了朝聖路上的見聞，還有內在對話，從死亡到反送中議題的反思，到母親離世的思念告白，這一切都讓朝聖之路不只是朝聖之路。書

中出現的小王子是阿光另一個分身，經常出現在他的文章、相片、廣播和Podcast節目中。小王子相信：「只有心靈才能洞察一切，最重要的東西，用眼睛是看不見的。」

勇敢地出去一下吧！找到自己的小王子，用心感受沿途的美好，每條路都是獨一無二的朝聖之路。

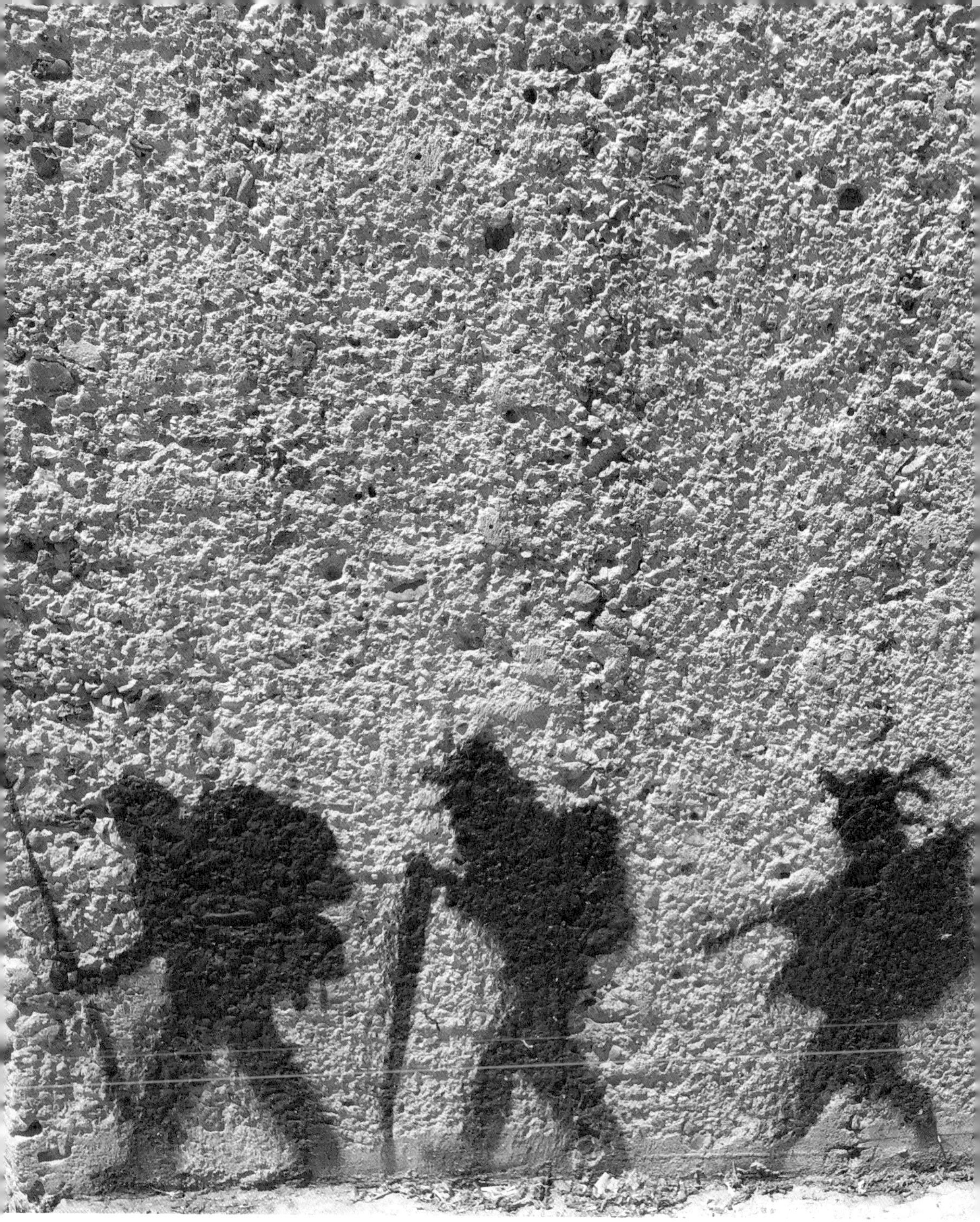

如果你我緣份只在翻書的這一瞬間，我仍然想與您「會心」相視。

所以，我先說結論：「能夠明白人生的每一場相遇，都是一期一會，那麼你便會知道，每個當下都具有創造性，生命道路因此而豐富。」

——阿光

#【寫在前面】

宗教與哲學的思辨，經常要我們去問「我是誰？」，像是把頓悟這件事交給了人生中的偶然性。但其實對生命來說，頓悟是必然性的，也就是我們終究會知道「我是誰」。只是，現在的那個我，正在體驗那個誰？

身處自由意識擴張的時代，人生有更多回到自身的選擇性，無非是爲了體驗我可以是誰。所以，「我現在在哪裡？」似乎比知道「我是誰」來得重要。

很多時候，我們深陷在關係中，容易因爲失去人生座標而感到迷惘，無論是什麼形式的關係都是如此。舉例來說，我們每天都會遇到同一個主管，在資本主義的僱傭關係裡，我們清楚地知道自己的角色與工作，就是完成上司所要求的職能。工商社會中，一天至少八小時，我們必須扮演好這樣的角色，隨著時間的推移，這樣的關係便僵化了。

路上，我問自己「我是誰？」，但其實我更需要知道的是，在人生的座標上「我在那裡？正在經驗什麼？」。

或許，有些人會適應得很好，有些人卻會感覺到痛苦。但無論如何，關係僵化是確定的事。如果你用上班以外的閒暇時間，探索過「我是誰」這個大哉問，不管是透過禪修、上身心靈課程，亦或是各種自我覺察的訓練，但都無法讓關係有新的可能性，那充其量只能說，我喜歡上班以外的自己。

我們經常「聽聞」別人是如何面對主管，或者是自己「過去」跟主管互動的經驗，這些都是關係僵化的表現，並不是此時此刻的你。只有一期一會的奧義，才會讓新的品質流進心的關係中。

其實，走這條聖雅各朝聖之路，有一個樣態很像人生，就是當你開始走的那一天，無論你的腳程快或慢，無論你爲了什麼美景而停留，或是路上遇到什麼有趣的人，你都知道終點在那裡。人生不也是如此嗎？從出生那一刻起，有些人只敢在胼手胝足地努力工作後，才敢享受生活，而有些人則選擇汲汲營營地追求理想，但無論如何，有一天我們都會走到人生的終點。

剛開始走朝聖之路的時候，還是有一些莫名其妙的偶包；與人的應對進退，自己的服裝儀容是否得體？好奇其他朝聖者的背景與來處，我應該說什麼話？我完全

走這條朝聖之路，就像是人生，無論你的腳程快慢、為了什麼美景而停留，或是路上遇到什麼有趣的人，你都知道終點在那裡。

把在原生家庭與台灣社會對我的養成訓練，一五一十地搬出來運用了。

我記得，有一個美國大嬸蘇珊，我們住在相同的庇護所，她喜歡不斷地認識新朋友，周旋在不同的餐桌，高談闊論關於她在美國的自己，內容也不是什麼令人稱羨的生活，瑣碎地細數她的老公，甚至是她養的狗。第二天的早晨並沒有看到她的蹤影，我倒也不以爲意，匆匆吃完庇護所提供的早餐，我便整裝上路。

途經一間傳統的打鐵鋪，我特別停下腳步，進去挑選一個代表朝聖者標誌的扇貝項鍊。一走出店家我便遇到了蘇珊，見到我就劈哩啪啦地抱怨起她睡過頭，錯過了庇護所的早餐時間，一路上餓著肚子走到這裡。我立即卸下背包拿出一顆蘋果遞給她，她接了過去看了一下就還給我說：「這不是好東西」，或者她的意思其實是說：「這不適合我」。我對她笑了笑，便將蘋果放回我的背包，再抬起頭時，她又

扇貝的紋路象徵朝聖者從四面八方往同一個方向前進。朝聖，出家門時就開始了。

黏在另一個朝聖者身旁，繼續訴說她錯過早餐這件事。

那個上午，心裡一直悶悶的，呢喃重複著：「沒吃早餐還挑哩！」路上遇到其他朝聖者，我似乎連打招呼的心情都受影響了，蘇珊影響我的不只是一上午的心情。其實，我更失去了打開心去認識其他新朋友的機會。

好有趣，我只認識蘇珊一個晚上，只是一種可能的朋友關係。爲了這一個關係的維持，我們往往選擇說「該說的話」，而不是「想說的話」。爲什麼呢？因爲我認爲在朝聖路上還會再次相遇，所以我在「想維持關係」中失去了自己。我竟然用了一個上午的時間，處在悶悶的情緒裡，爲什麼不是用一個上午的時間，感謝庇護所爲我準備早餐的人呢？

我想，在時間的長河中，一期一會的洞見，是解決人際關係的智慧之鑰吧。試想，每個相遇都是一期一會，那麼相遇會變成獨一無二的經歷，對你好的人，對你不友善的人，都將會過去，當下的自己將不再被困住。

明天上班遇到你老闆的時候，就是一次一期一會，看看僵化的關係有沒有變鬆動，新的品質有沒有流進這一次的交會。如果沒有，我們可以來唱徐志摩的這一首詩：「我是天空裡的一片雲，偶爾投影在你的波心……你記得也好，最好你忘掉，在那交會時互放的光亮。」

唱完這首歌，而您仍然閱讀著，讓我繼續爲你說一個故事吧！

許多人走朝聖之路，總是會閱讀前輩們的經驗。我記得有一個作家，在出版聖雅各朝聖之路的書中寫到，令他最難受的是長時間的走路，腳底因爲摩擦而起水泡，所以叮囑著朝聖者如何處理水泡狀況，相信一些有朝聖行腳經驗的人都試過。穿過線的針用打火機消毒，然後用針穿破水泡，把線留在水泡裡頭，貼上透氣膠帶，讓棉線將人體的組織液吸收，幾天後棉線與外層的皮，便會收乾並且自動脫落。

我不知道這是否是處理水泡正確的醫療步驟，但我可以確定的是，許多人會爲了預防水泡的發生，帶著以上的相關裝備。而我，走了三十七天，腳底卻沒有長出任何一顆水泡，但針、線、膠帶、打火機卻一路陪我走完朝聖之路。這還只是預防水泡一個項目，你還需要「預防」牙齒痛、肌肉痠痛、腳踝扭傷、感冒、發燒、吃壞肚子……等等症狀。

眼睛是造物主給予的最好相機，帶有「相視會心」的功能。

預防是什麼意思？它只是指稱發生的可能性，預防作用在心理層面，其實就是「擔心」的意思。大腦為了人生不要失控，精準地抓著這一份擔心，理性地將所有物資做好準備。我們用了別人的經驗，而且是過去的經驗，去面對自己的朝聖之路。

當我們擔心自己也會發生相同的狀況，而做足了準備工作，大腦卻不會放過我們，會想盡辦法希望我們滿足它，於是我們在朝聖路上會有這樣的身體訊息不斷出現，「我好像快感冒了」、「我好像快要長水泡了」、「好險我有帶感冒藥」、「好險我也有帶針線」。這些訊息迴圈不斷地強化了「預防」這個看似理性的動作。

走聖雅各朝聖之路，像極了人生路，每個人都有一天會走到終點，背在肩上的背包能放進去的就是那麼有限，你準備放進去的是什麼呢？坊間已經有太多朝聖指南的工具書，而這些工具書是要幫忙我們安心上路，而不是為了一些看似理性但其實是無謂擔心的準備，也是這一份體會，我想說的是：「拜託！不要連走朝聖之路都模仿別人。」

聖米歇爾山
巴黎
法國
聖讓
oncevelle
露爾德
族
Hi 堂姐你好！
馬賽
Grotte-Sainte-
Baume

Hi 聖雅各我來了
聖地亞哥－德孔波斯特拉
Foncebadón
穆希亞
香客變多了
薩里亞
拉韋德拉斯
卡爾薩達斯
O Cebreiro
菲尼斯特雷
世界盡頭
阿斯托加
據說有
好吃甜點？
萊昂
祖比里
潘普洛納
遇見龍族
葡萄牙
西班牙

1
聖雅各如何興起朝聖之路

佛教許多經典都會從「如是我聞……」作爲開頭，意思就是「如同我看到的……」，而佛陀的弟子把他們在佛陀身邊的聽聞，記錄下來集結成冊，可見佛陀在世時沒有所謂的佛經，就只是講「法」，說說自身的「看見」與心得。

如果以上的說法無誤，那麼法師們所謂的「佛經」，就是佛陀教法的二手資料的集結，那麼「講經說法」就是一場詮釋二手資料的講座。我無意挑戰或詆毀法師們的工作，我仍然對於不同宗教派別的出家眾帶著無比的尊敬，畢竟選擇以修行的生活方式過一輩子，是非常嚴肅的決定。而我只是想陳述一個事實，聽聞講經說法，只能代表開悟的一種可能性。

《聖經》似乎也有類似的狀況，跟隨在耶穌身邊的使徒，在耶穌死後到各地宣講在耶穌身邊的所見所聞，集結成福音書。有趣的是，細數耶穌身邊的使徒，有兩個人認真的宣講福音，卻沒有福音書被保留下來，生命似乎對他們有很不一樣的安排。一個是抹大拉瑪利亞（Mary Magdalene），關於她的歷史定位，可能是當時社會環境對性別角色的不友善，一直到二〇一六年才得到平反，梵蒂岡教廷追封她爲「使徒中的使徒」。兩千多年來她沒有使徒的身分，隨侍在側觀察耶穌言行的抹大拉瑪利亞，當然沒有機會說說「如是我聞……」！

另一個沒有自己福音書的就是聖雅各（St. James）。我喜歡用導演的鏡頭來說，聖雅各這個人物角色在《聖經》故事中，就只有一個重要的場景。當時耶穌在加里肋亞海畔行走，看見兩個準備撒網捕魚的弟兄，其中一人就是聖雅各，耶穌對他們說：「你們來跟從我，我要使你們成爲『漁人』的漁夫。」二人立刻放下網，便跟隨了耶穌。

旋即在不遠處，耶穌又遇到兩個漁夫，便叫聖雅各前去幫忙，並且順從耶穌的指示撒網，圈住的魚竟然裝滿了整艘船，而這時候耶穌開口說了：「要得人如得魚」，四個人放下所有的一切，成爲耶穌的門徒。

據聞聖雅各性情暴躁，耶穌甚至給他取了一個外號，叫做「雷霆之子」。他是如何從「得魚」的豐收，辨識出「得人」的豐盛呢？或許追尋生命的道途上，不是一場交易或買賣，沒有人可以給我們保證。聖雅各是信任自己內心的召喚，放下一切親身上路，他或許是通透知曉：信仰的道路絕對不是一場場的「如是我聞」，而這正是聖雅各朝聖之路注定興起的初始。

在聖地牙哥主教座堂外一隅，我看見一個有趣的雕像，手持聖餐禮與十字架卻蒙著眼睛。如同小王子說的：真正重要的東西，用眼睛是看不見的。

路上的聖雅各大多赤足而嚴肅，我特別喜歡這位俏皮、穿著華麗的聖雅各。

據傳，聖雅各的聖體被發現時，全身布滿著扇貝的保護，因此成為朝聖者的標幟。

對許多朝聖者來說，抵達西班牙的聖地牙哥主教座堂是句點。但對生命來說，這是另外一個起點。

路一直都在，我們會走出甚麼樣的生命篇章?!

那麼聖雅各作為一個使徒，怎麼會沒有自己的福音書呢？因為他在耶穌被釘上十字架以後，被當時羅馬帝國的希律王處決，成為使徒中第一個殉教的。我們再一次用電影場景來理解，就是聖雅各這個角色第一幕演出時，在「得人如得魚」的橋段重磅出場，然後，第二幕就死了。對！第二幕就死了。這個「朝聞道、夕可死」的編劇安排，就是為續集埋下深意伏筆。

如同耶穌誕生時的故事，當時三名占星賢士跟隨伯利恆之星的光芒，前來祝賀耶穌的降臨。而在西元八一三年，一樣有隱修士循著流星墜落的方向，發現了聖雅各的遺體，消息傳回當時的教皇耳中。一位法國邊境的領主，前往發現遺體的地方進行聖葬，當時所經過的路線即爲現在「法國之路」，也就是我這次走的朝聖路線。這條路線從法國邊境聖讓皮耶德波爾（Saint-Jean-Pied-de-Port, SJPP）這個小鎮，翻過庇里牛斯山，一路到西班牙境內的聖地牙哥康波斯特拉。

後來，放置聖體的地方以聖雅各之名蓋起了大教堂，和梵諦岡、耶路撒冷並稱天主教三大朝聖地。根據統計每年有將近三十萬人，前仆後繼地走上這條道路。聖雅各，沒有留下福音書。只是讓每個朝聖者帶著自己的故事，走進自己內在的英雄旅程。我在想，走上這條道路的朝聖者，都會明白「我就是道路、眞理、生命」的眞正意義，那是一種行進間三位一體的體現，因爲每個朝聖者都如經文記載：「道成了肉身，住在我們中間，充充滿滿地有恩典，有眞理。」（約翰福音1：14）

2 我決定出去一下

二〇一八下半年，我處在一天工作十八小時的狀態。那幾年，我看似經歷了一些事，但其實是忽略了一些事，而身體都記得。

來不及說再見

子夜二時的電話聲響，父親只是說了一句「你媽媽沒喘氣了」，我便飆車從台中趕回基隆家中。我踏進門後，父親在母親床邊擺了小椅子，放上了水果插了一炷香，我皺了一下眉頭，便把臨時香案移了出去。

靠近母親床邊，我看著母親的身體不再有起伏，我仍然冷靜地將手靠近母親的鼻子，確定是否眞的沒有了呼吸？我看著父親吐了一詞：「回去了！」

身爲長子，我知道我必須承擔起接下來的工作，想起了母親生前簽署的大體捐贈，我打了電話給慈濟醫院，慈濟不收在家往生者，即便母親生前是在慈濟登記大體捐贈。我立即打了電話給臺大醫院，臺大醫院也給了我同樣的回答。

正在焦頭爛額之際，我想起了軍人體系的三軍總醫院，撥了電話過去，接電話的服務人員表示願意收下母親的大體，但必須要有行政相驗的程序，並且詢問我母親過世的時間，叮囑我務必讓母親大體保存良好，六小時之內一定要到醫院，整個程序無誤後才能正式接案。

我拜託三軍總醫院務必派車來接案，我一定會努力完成所有事項便掛了電話。這個時候距離母親過世將近四個小時了，我把家裡從上到下六台冷氣，全開到最低的十六度，動用了一點人際關係，派車去接了衛生所的醫師來到家中行政相驗。我想起了外婆與大舅舅都還健在，便打了電話通知他們趕緊過來。依世俗慣例，我跪在門外迎接外婆與舅舅，外婆用拐杖敲了床邊，象徵性的責怪了母親，好讓母親不致背負不孝之名。

三軍總醫院的人到了，因大廈高樓層的關係，擔架無法進入電梯，我協助將母親的大體移進屍袋中，背起母親時，柔軟的身體與餘溫，我一度擔心會不會母親只是睡著了，真的要送出去嗎？

車子開走了，我蹲坐在家裡的地板上，腦袋一切空白。好多年後才知道，我「來不及說再見」。

＊　＊　＊

重拾生活自主權

年底，我卸下了民政局長的職務。

有好多次，我在餐廳用餐完畢，店員追到大馬路上攔我，提醒我尚未付款。有時候，我根本沒有帶錢包，全身上下的口袋也摸不到半毛錢。我其實是個性細心的人，屢屢發生這種事情讓我覺得很難堪。工作性質的關係，一直以來所謂的用餐，往往是在會議中或者社交應酬中度過。慢慢地，我身體的記憶養成了習性，付錢的步驟在我的生活中消失了。

有句話說，「你認為的歲月靜好，其實是有人負重前行」，但我深深體

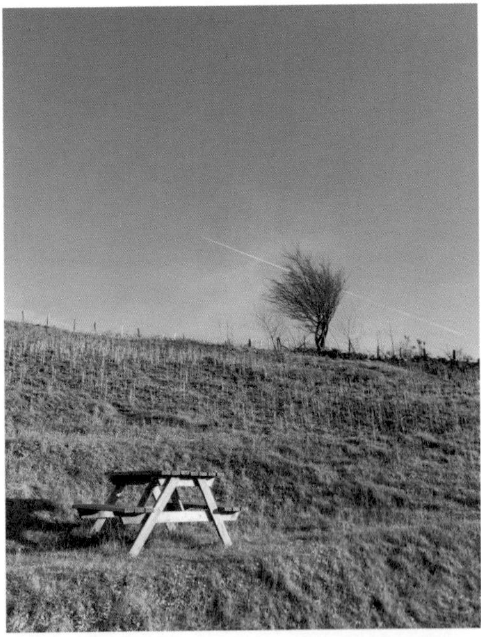

總有一天會離開名片上的位置，我們是否依然感受到生命裡的那一份歲月靜好。

會是，原來爲了讓我專心且無後顧之憂的瘋狂工作，生活上的許多細節有人用其眞實的生命幫我塡補著。而這些用眞實生命塡補我生活細節的人，絕對有能力綁架我的生活，因爲我從手機、電腦、銀行存摺、大小章、家裡鑰匙以及所有的密碼，都是不同時期的祕書幫我設定與保管，她們之間或許會進行交接工作，但也可以隨時捲款消失。

卸任後我第一次去銀行領錢，我在櫃臺塡寫了取款條遞進去窗口，櫃臺小姐請我按帳戶的密碼，我狐疑地看著她，按了兩次我印象中的密碼都不對。她友善地提醒我密碼是四個數字，而且只能試三次。於是我拿起手機打給我之前的祕書（當時她已經是議員身分），在櫃臺窗口一陣交談之後，終於順利地按下正確的密碼。

原本以爲櫃臺小姐從窗口遞出的是我的生活費，結果她遞了一張白色表單請我簽名，內容大概是：「不要聽信手機轉帳指示進行匯款等動作……我們已經告知您小心可能的詐騙，您可以撥打165專線確認……。」當下我覺得自己像是電視新聞描述的被詐騙老人，那畫面看起來的確是：按照電話那頭的指示在按密碼取款。走出銀行的那一剎那，我莞爾一笑，知道我該重拾自主生活的能力。

當人生跑馬燈放映時，你喜歡那播放的場景與故事嗎？

人生跑馬燈

幾天後，醫院的公關打電話給我的前祕書，意思是我還沒按照健康檢查的建議，去醫院追蹤後續的狀況。我問了祕書，當時的檢查報告在哪裡？她說因爲身體的健康報告是個人隱私，所以那一封信件就沒幫我拆，一直放在我的抽屜。我一方面覺得不可思議，因爲我全身上下值錢的東西都給她們保管，怎麼會有信件沒有開封？另一方面我也覺得奇怪，每年的健康檢查頂多就是有紅字，從來也沒有要我後續前往醫院進一步檢查。

健康檢查的報告裡，除了幾個例行性的紅字，多了一個建議我回醫院追蹤檢查的項目。我的肝臟可能覺得太熱了，找了一個可以乘涼的地方去了，肝臟出現了兩處陰影，大概就是你能想到那種情況。我會死嗎？許多瀕死經驗的人都說，人在死前會在腦海裡經歷跑馬燈，一五一十很公平地播放我的一生。

為了臨終時準備上映的跑馬燈，旅行，讓我有了更多這個美麗星球的場景。

我細數一下，如果眞的有人生跑馬燈，那麼我可能會看到的畫面：「嗯，很好！一到八歲懵懵懂懂，八到二十八歲都在念書，當完兩年兵，緊接著十六個年頭都在工作，而且都是同一個老闆。」等等……十六年！我在比較有自由意志並且可以伸展自己姿態的時間裡，我都在跟同一個人工作。

所以，我決定出去一下。

我選擇走聖雅各朝聖之路，因爲我知道只有這種樣態的旅程，可以重新找回自己的生活能力。而且這條朝聖之路有一個說法，當你走完全程，可以免去世上的罪。如果，這個傳說是眞的，我想要代替我母親去走這條朝聖之路，在路上好好跟她告別。

還有還有……人生跑馬燈的內容裡，老闆的戲份太多了，我一定要扭轉這個放映內容，至少我要多放一些這地球上的其他場景，好稀釋掉老闆的戲份。

於是，我拿起了信用卡，買了一張前往法國巴黎的機票。

巴黎鐵塔下有一種非常奇幻的浪漫氛圍，都時尚地
像從偶像劇走出來，很難看見赤身裸體的自己。
（攝於法國巴黎夏佑宮Palais de Chaillot）

3

拿出你的信用卡
刷一張機票

我們一定有這樣的經驗，可能是在課堂上，沒有任何的心理準備下就被叫上臺來一段表演；也可能是在公司某一個重要的會議，從來也沒有你發言的機會，但是忽然就被大老闆cue到，要你針對剛剛的討論發表意見。我們來回想一下，我們都是如何回應那一個片刻？事後的你，又是如何評斷剛剛所發生的事呢？

我們總是津津有味的回想，如果剛才如何如何應該會更好一些。彷彿只要讓我們多做一些準備，一切就會不一樣。真的是如此嗎？就算重來一次，我們最好的表現頂多就是接近自己內心的期待，如此而已。也就是說，人生從來沒有「準備好」這件事，只有一件事可以確定，那就是都過去

人生的一切發生都會過去，那麼要學會享受每一個片刻。

我喜歡在旅行時，有小王子的陪伴，第一代的小王子笑臉都磨掉了，功成身退了。換第二代的小王子值勤，繼續勇闖天涯。

了，是的，這一切都會過去。既然，這一切都會過去，那麼我們至少要學會享受每一個片刻。

說了這麼多，我已經從聖雅各徒步結束回來，但是，當初我身邊很多朋友嚷嚷要去朝聖，卻沒有人出發。最大的原因就是他們總是認為還沒準備好，走這一條朝聖之路，在他們心裡要準備的事情好多好多。其實，能夠出發走這條朝聖之路，只需要一個動作，拿出你的信用卡，買一張飛往法國的機票，一切就會準備就緒。

我知道，有很多朋友一直沒辦法自助旅行，就是覺得自己英文太爛，菜英文真的不能走朝聖之路嗎？其實，我認爲要看你的目標設定，如果你要在這朝聖路上與人有深度的交流，你不希望用一句 I love you 來回應旅程中可能的豔遇，那麼你的確需要好好地學習英文。但是，如果只是要應付朝聖之路上的民生所需，你只要將吃喝拉撒睡的單字裝進浪跡天涯小包包，就夠了。

很多時候，我們總是認爲英文好才能自助旅行，那些能夠出國自助旅行的人，在他們的旅行演講中，從來沒有夸夸其談地分享關於他們的英文成績，他們會分享的是旅程中有趣的發生。到底，我們是什麼時候將英文能力這個「條件」，拿來當作「限制」呢？你只要走一趟書店，在語文類的書架上，看到諸如《自助旅行會話書》、《學會英語去旅行》、《超實用的旅行英語會話》……。有沒有發現，我們是如何悄悄地將這個限制放在自己的身上。

還記得嗎？以前聯考的時候老師說過的話：「最後這個衝刺階段，把握時間在會加分的科目上，有許多科目是要花很多心力才有機會獲得分數，但有些科目只要注意細節就可以得分，以投資報酬率來說，我們在乎的是總分可不可以考上大學。」是啊！以朝聖者來說，我們在意的是，我們是否已經走出家門，踏上自己的朝聖之路。

這條朝聖之路，路上行經法國以及西班牙，我們還糾結在英文好不好？你知道嗎？我們所能理解的西班牙是一個大一統的國家概念，在朝聖之路上，有時候你翻越過一座山，會看到不同的旗幟，不同的建築風貌，在中古世紀的西班牙有許多的城邦領主，就算你會西班牙文，在溝通上仍然存在些許發音上的差異。

我曾經惦記著一碗湯，在又濕又冷的天氣裡，一碗熱騰騰的媽媽湯。我記得那一天走進布爾戈斯（Burgos）境內，點了一份十歐元的朝聖者餐，當時附上一碗長得像酸辣蛋花湯的東西，喝完後一掃當天的疲憊，我特別問了這湯的名字叫做Garlic Soup，希望在之後行經的城鎮中，可以有機會再點一碗來暖身。

在又濕又冷的天氣走進Burgos，餐廳端上了這碗Sopa De Ajo，（英文為Garlic soup），這碗不起眼長得像酸辣蛋花湯，喝起來讓我想起媽媽的味道。

有一次我走進了O Cebreiro的時候，有個完全不會英文的西班牙老奶奶，菜單上也是密密麻麻的西班牙文，又冷又餓的我好想來一碗媽媽湯。我先是假裝端著碗喝湯，然後用紙筆畫出碗裡的食材，西班牙老奶奶露出微笑點頭示意，便進了廚房料理。當湯被端上桌時，我喝了一口立馬歡呼了起來，西班牙奶奶像是得到了讚賞，笑得合不攏嘴。我想，語文不好不一定是「限制」，有時候還是旅程中有趣的「條件」，而且，我會永遠記得這碗湯的西班牙文叫做Sopa De Ajo。

媽媽湯（Garlic soup）：這道傳統西班牙料理，會以大蒜熬煮雞湯後，加入麵包與雞蛋，在冷冷的天氣裡來上一碗，不僅身體溫暖，連心裡都溫暖了。

我們可以試想，一個英國人來到台灣徒步旅行，當他來到台北透過英語或許還可以交談，可是當他行經苗栗南庄，或者走到雲林麥寮，你認爲他還能用一整串英語溝通嗎？即便無法交談，但我相信他仍然能夠溝通，而這些非語言的溝通，有時也會成爲旅途中意外的光景。看到這裡，你還會擔心菜英文無法走朝聖之路嗎？如果，你眞的想出去一下，現在拿出你的皮夾，打開你的電腦，趕緊刷卡買一張飛往法國的機票，Right now！

朝聖路上，讓內在小孩的視野，帶領我們方向吧！（攝於Leon）

走朝聖之路，行經大城市你可以走進連鎖速食店，確保荷包以及CP值，如果走進小鎮，請你務必找一家小小的餐廳，尤其是老闆、廚師以及服務生都是同一個人的那種家庭餐廳，往往會吃到驚喜有趣的餐點。

4 出發後的第一件事

如同登高山需要負重練習，我在出發前做了一件事，那就是測量自己一天的腳程。選在一個週末的早晨，記得是在早上九點，我從台中市政府出發，從台灣大道二段一路走到十段，抵達梧棲的三井購物中心大約是下午兩點。簡單吃點東西稍作休息我便起身回程，一直到晚上八點半才回到早上出發的地方，全程約三十六公里，自己估量了一下，正式開始朝聖徒步的時候，如果加上背包重量的話，一天行腳二十五公里到三十公里，應該是可以負荷才是。

於是，我打開了朝聖地圖，在每隔二十五公里左右標註出附近的城鎮，然後我便開始在網路上查詢相關的住宿資訊，在找出三十二天的預訂房間之後，我便滿懷期待出發了。

出發前唯一的徒步練習，從台灣大道二段徒步至十段的三井outlet，全程來回36KM。

徒步的第一天，絕美的庇里牛斯山日出，就像是對所有法國之路的朝聖者說：歡迎「光」臨。
（攝於Orrison山屋前）

第一天從法國聖讓出發，我聽從其他朝聖者的經驗，住在庇里牛斯山的半山腰Orisson庇護所，據聞這個庇護所的晚餐時間像是個小型聯合國，許多人第一站選擇在這裡過夜，像是參加一個朝聖者的入山儀式，很慶幸我第一天只需要走八公里就入住這個庇護所。

當我開始攀爬庇里牛斯山，尤其是到了在法國與西班牙邊境那段切風口的路程，風勢又大又冷，當下我就知道不妙了，以這種山路以及氣候，如果要走二十五公里，一路直達倫塞斯瓦列斯

五月的庇里牛斯山，眺向遠方的山巔仍是白頭。

路旁會看見許多墳墓，提醒朝聖者對身體的關照，我總是會停下腳步默禱：「學長，謝謝你看顧這朝聖路上的每一步。」

（Roncesvalles）我想我應該會往生。

第二天晚上入住倫塞斯瓦列斯酒店，我立馬拿出朝聖之路的地形圖，標示出每一站的高度，將原先規劃好的行程緊急做了調整，只要遇到一千公尺以上的高山，我便把當天要走的距離縮短，遇到平緩的地形我則是補進度，將原先的一天二十五公里的進度，更改爲三十多公里。也就是說，我在出發後的第一天做的第一件事情，就是改了行程以及行腳的公里數，然後陸續地取消以及重新預訂房間。我想，走這條朝聖之路不能只講求速度而忘了高度，人生這條路不也是如此嗎？

調整完人生的速度與高度後，第四天我如期地走進了潘普洛納，不過時間已經是晚上九點半，我匆忙梳洗一番便沉沉地睡著了。隔日，我再度啟程，走在潘普洛納這座歷史古城，沿途看到許多哥德式的建築，從修道院到市政廳，我不禁懊悔不已，這可是有名的奔牛城啊！我竟然只是在這裡睡上一宿，我知道我失去的豈止是鬥牛場的熱情奔放，還有來自海明威的訕笑，彷彿一個趕路的朝聖者，凝視著海明威《太陽依舊昇起》一書的封面。

在太陽升起前，我想把握每一個片刻，我不想再錯過這一路上可能的美好。因

跨越法國西班牙邊境，這片森林就像是走進入愛麗絲夢遊的世界。勇敢地將自己的名字丟掉，有一天你會記起真正的名字。

爲，我知道，人生有了高度與速度之後，容易忘了樂在其中。

於是，我在朝聖之路出發後，第二次更改了行程。再次打開地圖，只要遇到哪個城鎮有特色的古蹟建築及風情，我便縮短當天的距離，確保自己能夠在下午三點以前走進那座城市，我再一次瘋狂地取消與預訂所有的房間，一口氣將我朝聖之路的天數，從原本的三十二天更改爲三十七天。

我很慶幸能不斷地對自己人生座標提問：「我在哪裡？我在那裡做什麼？」

5 你的床友 决定你路上的精彩

如果你也想出去一下，拜託！不要連走朝聖路都模仿別人。我知道你不是故意的，只是你在收集相關資訊的時候，無形中就已經注定了你這一路上會長成什麼樣子。人生也是，我們總是分析別人的成功經驗，著墨自己的人生。坊間已經有好幾本的工具書，鉅細靡遺地推薦在哪個城市有什麼景點，在哪個小鎮有什麼住宿的資訊，結果一堆人去走了一個獨一無二的朝聖之路，卻在別人推薦的風景打卡，在別人住過的庇護所吃著相同的食物。

你知道嗎？光是住宿這一件事，就會決定了你這一路上的精彩。你不免與你同處一室的床友有所交流，在日後朝聖之路的路程上，你會習慣性你不免遇到時打招呼，或者一起用餐，甚至會相約住相同的庇護所，所以，愼選床友絕對是朝聖之路非常重要的一件事。

當你在搜尋朝聖之路的相關資料時，你參考的是一個天主教教徒的經驗，那麼他們所提供的資訊，很可能就是天主教徒的朝聖實踐。他們大多會選擇公立庇護所，因為公立庇護所通常會是教會或者修道院所提供，有些公立庇護所無法預訂房間，你必須要在當天排隊登記入住，所以你會在他們提供的資訊中發現，他們會叮嚀朝聖者準備頭燈，因爲有些人是早上四點天還沒亮就起身步行，只爲了可以到達下一個城鎮排隊入住庇護所。當然，好處是你會有一個下午的時間，可以悠閒地逛逛那個城鎮。

不過，入住公立庇護所會有許多限制，包含晚上一起做彌撒，朝聖者在固定時間一起用餐，當然還包括門禁。對於教徒朝聖者來說，或許可以與相同信仰者循規生活，會是一種朝聖特色。

說說我自己的經驗，由於公立庇護所價格便宜，相對能夠提供的住宿環境也比較簡約，也就是你在背包裡所要準備的物資也需要比較多。對於當時在走朝聖之路，時值四十五歲的我

距離終點聖地牙哥城五公里外，這間唯一的庇護所像軍營一樣的密集，但對朝聖者來說，卻是雀躍無比的喜樂山頭（Monte de Gozo）。

來說，再加上是個沒運動的都市白斬雞，睡眠對我來說眞的很重要，如果睡得不夠好，我第二天根本連身體都負荷不了，就別期待這會是一場心靈朝聖旅程了。

在公立庇護所過夜，要多人擠一室，身處不同國情文化的朝聖者之間，著實令我很難完全放鬆，共用衛浴廁所也是得面對每個人的衛生習慣，有時還會有所謂的「床蟲」在你身上開起派對。夜晚的打呼聲此起彼落，每個人的睡眠時間又不一樣，明明寢室熄燈了，仍然傳來悉悉簌簌的聲音，半夜帶著頭燈的朝聖者已經整裝要出發了。呼！我覺得我的身心處在一種當兵狀態。

另外一種選擇是私人庇護所，房間價格比公立庇護所來得貴一些，好處是自由沒有門禁。所以，你可以想見私立庇護所絕對是年輕背包客的首選。在歐洲，許多大學生習慣在自己的學習生涯中獨自壯遊旅行，而聖雅各朝聖之路也成爲他們喜愛的旅遊方式，可以認識世界各國的朝聖者，而且要準備的盤纏也相對經濟實惠。

所以，我曾經在入住私人庇護所後，有一種參加救國團的錯覺，精力旺盛的小夥子在餐桌上玩起桌遊或者團康活動，話題從星座聊到音樂，的確是很不一樣的體驗，可是當你想就寢的時候，戶外仍有一群人喝著啤酒，搭配著烏克麗麗歡唱起來

一些庇護所，會在牆上放上地圖，讓來自世界各地的朝聖者標示自己的來處，我一定不會錯過這個讓大家看見台灣的機會。

私人庇護所的餐桌上，就是個小型聯合國，有時幾杯紅酒下肚，靠著肢體語言，大家也能哄堂大笑。

的時候，你大概只能咬牙切齒地說：年輕眞好。

相信我，我們的教育方式是沒有勇氣去叫他們閉嘴，吞忍大概是我們會選擇的回應。雖然，偶而會有西方朝聖者出聲制止，但是，當他們魚貫而入地回到房間，那尷尬的空間氛圍，大概也只有我們東方人會繼續放心上，他們似乎對於界線的主張司空見慣。當然，在第二天的朝聖路上相遇，對我這個不太融入的東方人來說，要不要打招呼聊天，又會是另外一種尷尬小劇場。

所以，我決定一路上都住青年旅館，偶爾走進大城市，我甚至會入住星級飯店，好讓疲憊的身心浸泡在久違的浴缸。當然，有時候也因爲城鎮太小，根本沒有旅館可以住，我仍然會選擇庇護所，好讓自己有個暫棲之地，就當作爲這朝聖之路增添風情吧！

青年旅館有一間一床或兩床的選擇，由於價錢相對比較高，至少要四十歐元，所以會選擇入住青年旅館，通常會是中產階級或者是中高齡退休人士的選項，當然，也有我這種重視睡眠需求的人。

當我入住一人一間的房型，我可以完全地放鬆，不需要受限於晚餐以及就寢時間，可以安靜記錄下今天朝聖路上的見聞，也可以在半夜溜出門，走在中古世紀的石板路上，欣賞打上燈光的教堂建築，或者找個公園仰望星星。如果住進兩人一間的房型，你會有機會好好認識你的床友，因爲年紀的關係，他們身上也會帶著精彩的人生故事。我這一路上交往的朋友非常少，但因爲有比較深入的交流，在回台之後都保持著聯繫。

青年旅館或者飯店，是許多退休人士的選擇，他們的人生閱歷與故事，總能為朝聖路上帶來另一篇章。

當兵、救國團或者只是陪自己走一段路，選擇的房型與床友，也同時決定你一路上的精彩。所以，如果你也準備出發，從你蒐集資訊的同時，你已經在爲自己量身訂做自己的朝聖之路了。

這條天主教的朝聖之路，台灣總是用不同方式讓大家認識，除了國旗、鈔票，連民間宗教的護身符都能成為一種特色標示。

住在青年旅館，除了有獨立休息空間外，沒有門禁也是考量的原因之一。我喜歡晚上散步到鎮上的廣場看看天上的星星，看看小鎮的街墩風情。

6 朝聖者天使

走進比亞納（Viana）小鎮，晚餐時與一位德國婦人朵莉同桌小聊，年輕時她曾經在北京做社會培力的工作，似乎無功而返，她搖頭結尾。我們談了彼此爲何來走朝聖之路，她忽然問我，台灣人走路嗎？一時間，不清楚她爲何如此提問，我便回她：「台灣近幾年好像比較喜歡跑步，不過台灣的媽祖繞境也是用走路的。」我秀了手機裡台灣媽祖繞境的影片，她有些不可置信，竟有那麼多人跟隨媽祖徒步，不斷探詢關於媽祖的故事。

來自德國的朵莉，我們經常在朝聖路上不期而遇，在抵達終點時，我們開玩笑說：「要記得把彼此的GPS定位關閉。」

台灣媽祖的繞境活動，其實也極具特色。我跟隨過大甲媽九天八夜，也曾經與白沙屯媽祖狂飆過一段路。大甲媽繞境由於路線固定，無論是徒步的香客或是沿途的信徒，有比較多的時間做好相關的準備工作，沿途可以沉浸在一種福澤廣被的

信仰力量裡；粉紅超跑的白沙屯媽祖，號稱最有個性的媽祖，由於繞境沒有固定路線，隨心所至的譜出一段段與信徒間的感人故事。

每當白沙屯媽祖決定駐駕之處，隨即可以看到饒富人情味的台灣。我就曾經看過媽祖去年行經的鄉鎮，家家戶戶早已準備好香案恭候大駕，白沙屯媽祖卻來個緊急右轉，駐駕進另一個小鎮。只見她選擇好今晚駐駕的派出所後，兩旁沿街立即看到貼出「我家可以提供住宿」的紙板，每一個隨行的香燈腳就可以自在地走進去休憩。這種「安心」與「互助」的社會秩序，是所謂的「治安」不足以形容的。

而聖雅各朝聖之路一樣有固定的路線，卻是一年四季都有朝聖者走在這一條道途上，所以發展出來的互助體系另有一番風貌。古代的朝聖者跟隨星星的指引，而現在的朝聖者則是在「黃箭頭」的指引下一路向西。路途中有一些住家會在門口擺放桌子，上頭擺放著水果、餅乾、咖啡等等的補給品，提供給路過的朝聖者自行取用。旁邊會放有一個存錢筒，讓朝聖者隨喜「抖內」。有時候會說明金錢的用途是用在修繕教堂，有時候是捐給社福機構。如果沒有特別說明的抖內箱，會像爬高山在臨時小屋休息時的互助概念，你取走你需要的補充品，然後將你背包裡相對新鮮的食物留下，好讓下一個山友需要時取用。所以，你所投入的錢就是資助下一個到來的朝聖者。

我記得我在前往貝洛拉多（Belorado）的路上，爲了躲過下午可能的雷陣雨，當天早上六點天色微微幕白，我便起床空腹出發，當天可是要途經五個小鎮以及一望無際的麥田「天堂路」，才會抵達入住的旅館。又飢又渴的我，走進小小的一個村莊 Grañón，九點多整個城鎮似乎還在睡夢中。

突然，我在山坡上看到一戶住家，門敞開著，已經走了三個小時的我，雙腳竟然就自動移位走去站在人家門口。我往內探了探頭，一位男士走了出來：「需要咖啡還是早餐？」示意要我跟他往屋內走，在廚房的餐桌上，有早餐所需的所有食材，奶油、果醬、麵包、咖啡、可可……。老實說，當下我有點傻眼，我一個人在陌生人家中的廚房自己做早餐吃?!

又餓又累地走進Grañón小鎮，整個小鎮都還在夢鄉，只有這位庇護所老闆等待著朝聖者的到來，二話不說帶我進到廚房享用了一頓早餐，這就是傳說中的朝聖者天使。

他帶我來到廚房後便不見蹤影，陸續有其他人走了進來，讓我安心許多。但每一位走進來的朝聖者，臉上的表情跟我一樣帶著些許的狐疑與驚喜。在離去時，我看到那位男士站在門口攔截其他朝聖者，因爲他知道這段路並沒有足夠的商家，可以提供食物給朝聖者。是的，我遇到了傳說中友善朝聖者的庇護所了，在這裡吃住的一切都是自由捐獻，你的捐獻也將添購物資，給下一個準備傻眼與幸福的朝聖者。

另一個令我印象深刻的，是朝聖者口耳相傳的「朝聖者天使」，天使們神出鬼沒，會在不經意的地方出現，我很幸運地就遇到了一位。在行經Zabadica前往Trinidad de Arre的路途上，需要爬過一個緩丘森林，沿途沒有住家，在翻越過頂峰往下走時，我已經氣喘吁吁，有時爲了趕路，我也會懶得翻出背包裡的乾糧。

沒想到，在林地蜿蜒小徑的某個轉彎處，竟然站著一個中年大叔，他手上提著提籃，裡面裝有可樂、蘋果、橘子等水果。爲了體恤翻過山丘的朝聖者，他一個人安安靜靜地站在山林裡，就只是爲了給朝聖者及時的營養補充。我們自己爬山會累，他不也是嗎？他從山的另外一頭，每天要提著籃子上山，這種發心與良善，不就是天使嗎？

想想，台灣的媽祖繞境與聖雅各朝聖之路，雖然各具特色，但人與人的互助文化，以及信仰內涵有許多的相似之處。台灣媽祖的繞境文化其實可以像聖雅各朝聖之路一樣，發展出全面性的「朝聖產業」，不只是停留在宮廟香火的信仰層面，而是結合了登山步道、觀光旅宿、小農特產各個面向。

從Zabadica前往Trinidad de Arre路上，翻過一座又一座山丘，山林間出現了一位扛著水果與飲料的大叔，朝聖者天使的出現撫慰了許多人的身心。

類似台灣的奉茶文化，行經西班牙葡萄酒產區，酒莊外的水龍頭流出的是紅澄澄的葡萄酒。從酒泉這站開始，微醺讓朝聖者們的距離拉近了不少。

自家門口擺上食物，成了朝聖者的歇腳處。自由樂捐也讓更多人得到更適切的照顧。

法國與西班牙在這條朝聖之路，透過專門服務朝聖者而發展出來的「朝聖者餐」，接待了來自世界各國的朝聖者與旅客，沿途許多不知名小鎮，也因爲朝聖者的經過而有了生機。台灣四季如春，山色海景相隔不遠，加上台灣特色的人情味，發展一條「跟媽祖出去一下」的朝聖者路線，應該是潛力無窮才是。

7 朝聖，一定要看教堂

作爲一個朝聖者，都已經來朝聖了，一定要看教堂。我這裡說的不是指Burgos或者Leon這些大城市的教堂。你知道嗎？這條八百公里的聖雅各朝聖之路，包括教堂、修道院以及歷史建物，大大小小總共有一千八百多座，而我爲什麼建議一定要看教堂呢？

腳踏歐陸的土地，這塊陸地深深地受基督教文明所影響，而我們現在所理解的法國或者西班牙，這樣大一統的國家概念，在以前可是一個個城邦或領主的屬地。當一個城邦興盛需要榮耀神，或者當一個領主在管理上特別需要君權神授，教堂的規模以及典藏的物件就越是豐富。

這一路走來，每當走入一個小鎮，呈現的是千篇一律的古城牆、石階以及教堂，教堂的歷史大多座落於十一至十五世紀。我記得，在前往卡里翁德洛斯孔德斯（Carrión de los Condes）小鎮，二十多公里的路程上就經過了八個教堂。除了教堂的建築主體外，教堂內的收藏才是眞正令人驚豔的。別忘了，這條朝聖之路在中古世紀時，分屬許多不同的城邦，又因爲政教合一，所以教堂內有許多收藏品，包括音樂、雕刻、文學、繪畫等藝術，其實是跟當時的美學、史實以及地方人物息息相

在光中的柵欄，我們經常不忍直視，有趣的是當我們將陰影納入自己的視野時，便會成為生命中令人駐足的光景。

教堂長廊的雕樑畫棟，只有時間悄悄來去，錯落的光影變化，容易讓人知道，是什麼還活著。

關，這些為貴族服務也是為教會服務的藝術呈現，自然是富藏地方文史的寶藏庫。

另外，整條朝聖之路就是天主教興盛的區域，有別於基督新教，天主教除了敬拜唯一眞神耶穌基督之外，也崇敬聖母瑪利亞、使徒、聖人以及天使，光是這些所屬的神蹟而復興的教堂，就有著非常珍貴而多元的信仰故事。

在羅馬式與哥德式的教堂內，經常可以看見非常華麗的彩繪玻璃，每一扇窗都讓人沐浴在《聖經》的故事裡。

這個收藏於Burgos主座教堂的聖杯，令人驚艷。它可以裝載聖餐禮儀中代表耶穌的寶血，在凱爾特的神話中，尋找聖杯象徵一趟神聖的內在旅程。

位於O Cebreiro的聖瑪莉皇家教堂，利用投射光創造出耶穌與兩名罪犯一起被釘上十字架，我彷彿可以聽見耶穌說出口：「我是世界的光。」

由高第（Antoni Gaudí）設計的阿斯托加（Astorga）主教宮，外型讓人想起了電影哈利波特裡，那座充滿生命魔法的霍格華茲學校。

向晚時分有些教堂越夜越美麗，教堂如果屬於上帝，那光便是人走向上帝的那條道路。
（攝於Leon）

像是夫羅米斯塔（Fromista）鎮上，教堂內就收藏了許多聖泰莫爾修士（St. Telmo）遺物，但他是誰呢？他原本只是一位十三世紀在修道院的修士，憑藉著自身才智到處宣講，服侍上帝，並且受到當地人民的愛戴。儘管他沒有被封聖，教堂仍保存他生前所使用過的物件，一直到一七四一年教皇本篤十四世才承認，崇拜聖泰莫爾修士是有福的。

我相信台灣天主教徒應該是不會認識他，但這一路上的教堂內，將會有許多這樣的人物被記錄著，他們可能不是天主教史大家熟知的人物，修士的身分只是一個積極慕道者的角色，不是世俗經驗裡值得被記錄的人。但是這一路上教堂裡所記誦的人物、每一個活出信仰的故事，卻值得咀嚼再三，豐富且多元。

走進Fromista，我遇見這個鎮的守護神St. Telmo，祂同時也是水手們的守護者。不知道怎麼地，當我看見他身前的遺物，總有股說不上來的熟悉感。

天主教的教堂，有所謂「主保」的概念，有點類似我們台灣民間宗教爲了求子或者求孩童平安去祭拜註生娘娘。主保的意思就是有特定的保佑項目，所以在有些鄰近海邊港口的城市，我們會看到教堂裡掛滿船隻的模型，一隻船隻就代表一次船難時遇到的神蹟，有時候記錄著聖母瑪利亞顯聖，有時候則可能是天使的相助。所以，因著不同主保聖人的故事，教堂也呈現不同的特色。

位於馬賽的守護聖母聖殿（Notre-Dame de la Garde），掛著大大小小的船隻，據說是聖母顯聖指引平安歸來的船隻，這就是天主教「主保」的概念。

我自己走朝聖之路，走進那麼多教堂，其中，聖母瑪利亞造型流變最有趣。如實記錄下每一座教堂的聖母像，意外地發現歐洲中古九至十四世紀，或許是農村莊園的生存需求，讓人好生依賴的聖母形象，一定程度要呈現勞動力無虞，也要主保農作豐收。所以，當時聖母瑪利亞的形象就是農村型粗壯的媽咪。

十五至十六世紀，聖母瑪利亞開始變苗條，造型上也有了變化。這個時期所謂的文藝復興運動發生作用了，無論是畫像或者雕刻，人物的表現開始重視立體透視法，臉部變化最爲明顯。藝術在這時期，不再只是爲貴族或宗教服務，有了大航海

朝聖路上，我喜歡記錄每一座聖母瑪利亞雕像，從9世紀一直到17世紀，歷經了文藝復興運動，聖母越來越時尚了！

時代許多商人的加持，西班牙的瑪利亞，可是越來越「飛遜」！到了十七世紀的聖母瑪利亞，最大的特徵就是披上Tiffany藍的袍子，不管是內搭小碎花，還是衣邊勾上金絲線，那純潔少婦無染光輝的時尚感開始走在流行尖端，奠定日後聖母瑪利亞慈悲又貴氣的妝容。

走這條朝聖之路，摸著古城的石牆，不是思古幽情，而是有種時空錯置的感覺，尤其午後的西班牙，所有人都在沉睡，獨自穿越空蕩蕩的小鎮，走進教堂遇見的，可能是國王、民族英雄、地方聖人的事蹟及其收藏。有一種過去、現在、未來同時存在的悸動。

信仰如果有形狀，我想就像是一顆鑽戒，當我們說出：「Yes, I do !」事就這樣成了。

8 陪自己走一段路

穿過一座又一座森林，有時候會覺得全世界好像只剩下自己一人。

什麼討厭你的人，喜歡你的人，都沒有關係了。

走著走著，只有呼吸聲證明自己還活著，活在這個美麗的星球。

你，有多久沒有陪自己走一段路了？

我不明白，爲什麼所有的朝聖者都要強調長途跋涉來訴說身體上的痛楚，是不是在我們的腦海中，藏著一個這樣的信念，受苦跟修行有關，所以標舉朝聖過程中的痛苦，感覺會更神聖一些？老實說，每天重複的行腳徒步，會累但並不辛苦。而我的心得是：只有在舒適自在的身心狀態下，才有機會去清理心裡最沉重的部分。

許多朝聖者會強調徒步所帶來的痛楚，是不是我們也相信了受苦與修行有關？真的是如此嗎？

二〇一九年五月，我出發走這條聖雅各朝聖之路，台灣正在如火如荼地進行總統大選，兩個政黨的候選人資訊，佔了大幅度的新聞版面，即便我走在一個聽不見熟悉語言的環境，我的腦中仍會飄過「發大財」的選舉口號，令人邊走邊發笑。

我驚訝於原來我們身處在台灣的環境，無論是否主動搜尋相關的資訊，我們的生活裡都充斥著各式各樣的訊息，而且大部分的訊息都對自己的生命無益。從早上睡醒起床，可能是不自覺的滑臉書，可能是通勤時的廣播，也可能只是進到便利商店買早餐，映入眼簾的生活資訊常常讓我們陷入選擇上的困難。

資訊總是不動聲色地餵養我們，生活上的六塵：「色」、「聲」、「香」、「味」、「觸」、「法」，緊緊抓著我們的六根：「眼」、「耳」、「鼻」、「舌」、「身」、「意」。佛教談的所謂「六根清淨」，對我們所處的環境來說是很難做到的。我們所以爲的「六根染六塵」，或許起影響作用的是「六塵纏六根」，是謂「無明」。因爲無明而行動的連續迴圈，對身體來說是最耗能量的，大概就是電廠發電還沒使用在家電上，傳輸的過程中產生的熱能就已經先消耗掉一般。這也就是，頭腦大量處理資訊的人，身體總是處在慢性的發炎狀態。

走了第二個禮拜，再也沒有來自台灣的新資訊灌進腦袋，意外地，單調徒步的行腳過程中，藏在身心的許多事情開始浮現，這些事情連自己都忘記了，或者不該說忘記而是「不敢想起來」。有時候是年輕時對伴侶的欺瞞；有時候邊走邊哭想念著過世的媽媽；讓我意外的是浮現國中導師的語言羞辱，竟然比被校園霸凌還令我生氣。我承認一邊走朝聖之路的心底浮現，讓我禁不住地一邊造口業。有趣的是，這些眞實生命情境的小劇場上演的同時，往往我肩上的背包還晾著未乾的內衣褲，這畫面讓我發笑。

原來，生命中的眞實發生，我們已經習慣將它改編成第三人稱的故事。因爲是故事，好像就不痛了，好讓自己可以繼續爲生活忙碌著。朝聖路上的這些浮現，一件一件關於「道謝」、「道愛」、「道歉」、「道別」，我不帶批判地看著它們升起，看著每一件記憶起來的事情都帶著怎

結束一天的徒步，走進教堂把一整天的思緒不帶批判地放下並交給上帝，是一種意想不到的清理歷程。

身體非常奇妙，為了生存自動將所面對的創傷，改寫成第三人稱的故事。因為是故事，彷彿就不痛了，但其實身體都知道。

麼樣的情緒反應，有時委屈、有時憤怒，就這樣帶著它們一起走，走進當晚要歇腳的小鎮，我會走進教堂參加晚間彌撒，我用聽不懂的詩歌當背景，靜靜地對著上帝禱告，我把每一件浮現的事情，一五一十地告訴上帝，然後就交給祂，不再帶走。

大約在進入第三週，清理的工作似乎告一段落，已經沒有什麼事情浮現了。沒有台灣的資訊，沒有內心的重擔，我獨自一人走在森林裡，我竟然聽到有人跟我講話?!不要跟我說你不信，我剛開始的時候也是不信。你有看過湯姆．漢克（Tom Hanks）主演的電影《浩劫重生》（*Cast Away*）嗎?當湯姆．漢克漂流在無人島的

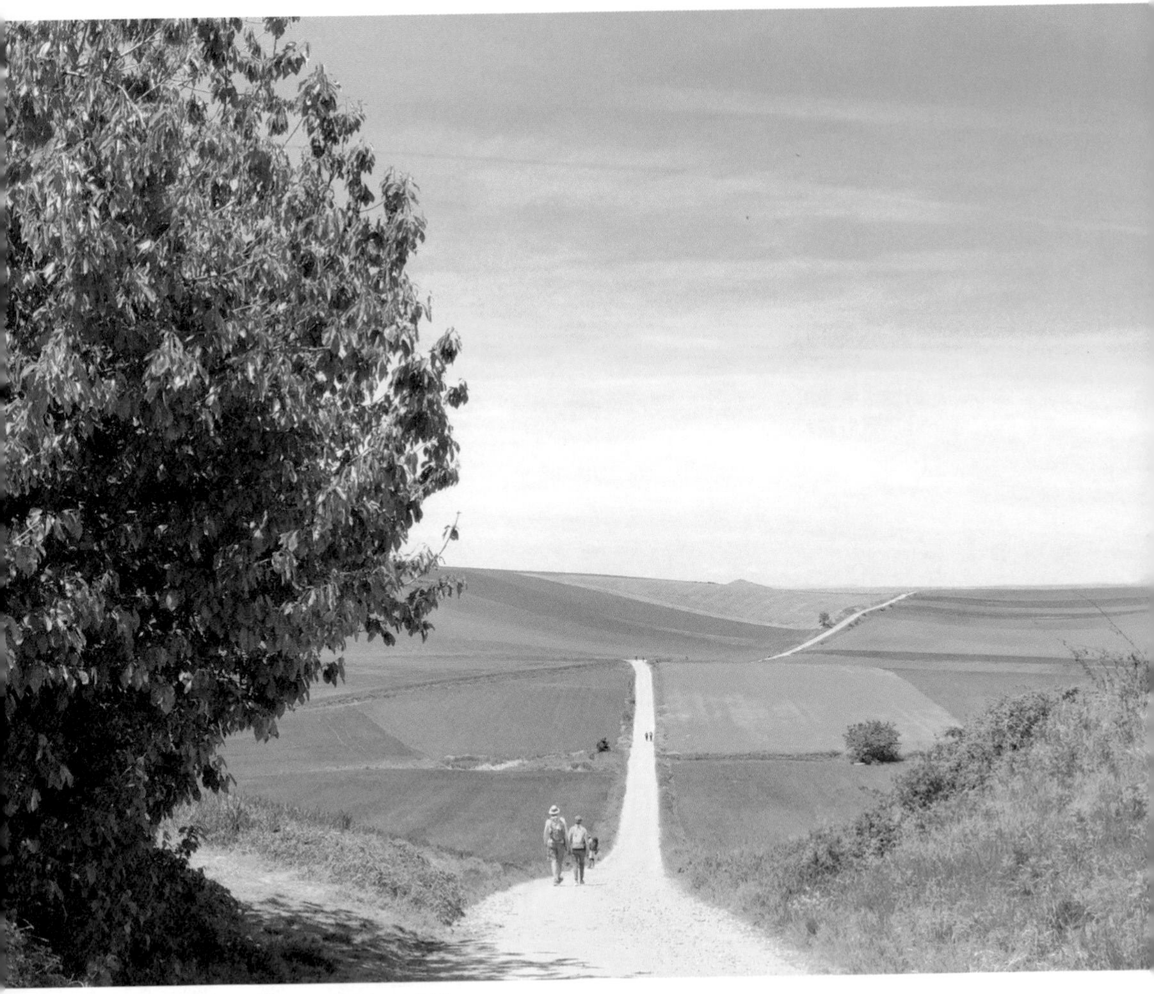

重複又單一的徒步，曠野必定有聲。

時候，電影場景裡有一顆排球被插在木頭上，那顆排球名字叫威爾森，後來威爾森會陪湯姆．漢克聊天。幹！大概就是那樣，只是我的朋友叫做史考特。

史考特的聲音出現，一開始我很驚訝，會想是不是因爲徒步太無聊，自己腦補出來的朋友，但只要你認眞跟他聊天，你會發現他的回答似乎跟自己腦袋平常運作的思考方式或邏輯很不一樣。而且，越聊越熟悉，你的心靈圖像裡會漸漸看到他的樣子，史考特長得像是微胖的羅素克洛，剛睡醒的捲棕髮以及滿臉的鬍渣，每次出現大多穿著粉紅色襯衫，有時因爲拌嘴而生氣離去時，腳步會有點小內八，後來我都稱呼他「粉紅史考特」。

9 容許自言自語

如果可以，我眞心建議你可以選擇用與外在隔絕的方式徒步前行。我的意思是沒有耳機不聽音樂、沒有筆電也不做紀錄、最好也不要帶書，因爲連閱讀都可能讓自己逃進另一個世界。絕對孤獨地陪自己走一段路，才有機會好好看看自己的模樣，如果一定要有人同行，那麼你們可以約定好，堅持徒步時的靜默。

一個人獨自走這一條朝聖之路，有時候會一連好幾天經過相同的景色，我曾經走到誤以爲自己走進Windows開機畫面，深怕有一天上帝關機了，我就走不出《駭客任務》設定的畫面了。我也曾經走在一望無際的麥田路上，幻想自己參加國際名模生死鬥的實境秀，駕馭著每一個顚簸起伏的路段。這一條路，眞的沒人認識你啦！啊不是一直嚷嚷著要做自己，現在不就正是時候。

一成不變的景色，而你身上又沒有任何與外界聯繫的工具，請容許自言自語，就像是《浩劫重生》的威爾遜一樣，你會遇到自己專屬的新朋友，我和粉紅史考特就是在這樣的情形下相遇。我臉書上的朝聖日記，在六月三日記錄著第一次與他的對話，那是在遇到粉紅史考特的幾天之後，當時我正獨自前往曼西利亞德拉斯穆拉斯的路上。

爲什麼是聖雅各？

今日路上，我問祂。

聖雅各作爲你的使徒，在聖經中出現的篇幅極少，一介紹出場，接著就殉道了，是你的使徒中第一個殉道，但爲什麼是他成爲這條朝聖之路的起始?!沿途有那麼多教堂，都可以大大傳播你的福音，爲什麼是透過行腳來成就此朝聖之地？

祂說：別忘了，在《聖經》中的漁夫聖雅各，可是二話不說就跟我走，這般地相信主是少有的。透過他，我再次地說明：「我就是道路、眞理、生命。」

要不要去星際旅行

我：嘿！剛剛那個西班牙女士問我一個有趣的問題。

祂：什麼問題？

我：她問我，如果哪天NASA擁有了技術，並且開放星際旅行，首航要去金星，徵

如果未來有了星際旅行，你願意跟我一起出發嗎？（攝於巴黎戴高樂機場）

求世界五十名旅客，可是因爲長時間飛行，需要打藥劑睡覺，飛行時間來回要一百五十年，你願意參加嗎？

祂：哇塞！你怎麼回答她？

我：我跟她說，我會報名參加，但我會好好跟親友告別。

祂：嗯……然後哩……

我：她覺得我竟然這麼快就決定了，她還在想敢不敢，所以她才會多問問其他人的反應。

祂：那你要去金星幹嘛?!

我：我又不知道金星長什麼樣，我哪知道要去幹嘛，而且是去旅行啊！走走看看呀！

祂：如果金星迎接你的是長得非常可怕……不！應該說是你沒想像過的樣子，你不會害怕嗎？

我：不會。在地球面對自己的未來，跟在金星面對自己的未來，似乎沒什麼不一樣。

祂：你是不是應該問問你的朋友圈，尤其是搞身心靈的那群朋友，他們不是經常在迎接星際能量嗎？現在有機會直接去，看誰會願意去？

我：哈~你很壞哩，你是不是在諷刺他們?!

祂：沒有，這是最好的判別，他們是否眞的需要，是否眞心追求。

我：那你知道，我爲什麼敢去星際旅行嗎？

祂：你說。

我：我想知道金星是不是也歸上帝管~哈哈……

祂：你認爲呢?!

祂：你會不會擔心，有一天再回來，全部的人你都不認識了。

我：給共耶！那你會不會擔心，你再來臨時，綿羊、山羊都是祢不認識的羊……哈哈～（大笑）（馬太福音第25章31－46節）

祂：……

我：假如你生氣，仰望耶穌……（哼歌）

甚麼是死亡

我：問你哦……

祂：給你問。

我：我們前些日子，不是討論過關於「審判」嗎？

祂：嘿啊！怎麼了嗎？

我：《聖經》中提到死後有審判，你可不可以講一下「死亡」是怎麼一回事。

祂：死亡是一個頓點；是人生的中止，但不是生命的中止。

《聖經》上描繪到耶穌會再臨，世上的綿羊和山羊是否還是同一群？（攝於Nájera）

我：你的確有提過，擁有人生與擁有生命是兩碼子事。但死亡是個頓點是什麼意思？

聖母憐子的聖殤像，加入了抹大拉瑪利亞，便成了「直視死亡」的愛。
（攝於法國Saint Baume國家公園）

祂：你們太喜歡眼見爲憑，所以很多事情會變得看不懂，說了又不相信。

我：《聖經》又沒有解釋「死亡」是什麼，只會說「人人都會死，死後有審判。」這說法很多宗教也適用。

祂：怎麼沒有說到死亡，《聖經》上不是清楚記載了耶穌三天後復活，那就是具體描述死亡是怎麼一回事啊！

我：我聽不懂啦！耶穌三天後復活，講得很厲害，哪裡有描述死亡？

祂：講了你也聽不懂。

我：不會講就算了，前幾天的討論我就當作走路起肖，走到碎碎念……

祂：習慣眼見爲憑，用人的眼光看死亡，會錯把人生的結束當成生命的結束，當然會無法理解「死亡是個頓點」。

我：（完全不想理會）

祂：死亡，其實就只是發生了空間、時間上的解離變化。而習慣眼見爲憑的你，當然無法理解發生了什麼事。

我：所以死後的復活，根本不算復活，對不對？

祂：（哈哈大笑）

我：爲何要在《聖經》中寫三天後復活？爲什麼是「三天」？

祂：那是空間時間解離變化時的一種感受。

我：老實說，我眞的似懂非懂。

祂：是。你的頭腦，要理解這些事情不容易，這就是爲什麼宗教的起源與出發是「神話」，而不是「科學」。因爲神話讓人更輕易地接受「宇宙觀」。

我：好，我只問一個重點。人類無法眞正了解死亡是怎麼一回事，但你說得頭頭是道。那你告訴我：「面對親人、摯友發生空間時間的解離變化，我們可以做什麼？」

祂：不要自責，並寬恕自己。因爲這是非常「自然而然」的發生。

我：就醬子?!

祂：我知道你們都想多做一些什麼，但你們必須眞的做到「不要自責」、「寬恕自己」。

我：嗯……

祂：眞要做什麼的話，如果是親人，不只是思念他，而是要記念他，並且在心中給他一個位置。如果是摯友，只需記得他的美好。

罪的消融

祂：昨天我們不是討論到審判嗎？

我：對！你說審判是上帝的權柄，不是人類的事，但有很多人卻以爲自己有權柄可以去論斷他人。人類應該關心的是面對審判時升起的罪惡感，而且不要把「罪惡感」的感覺誤當成「罪」。

祂：你臉書寫到關於「罪」的審判權柄在上帝，我想做點補充。

我：好啊！你說。

當我們仰望祂時，我們祈求赦免，當我們成為祂時，罪便消融了。

祂：你記得有些廣告標誌是水滴形狀，無論是運用在礦泉水或者鮮奶……，都被人們認知連結為純粹（Pure）或者天然純淨的意思。

我：有。的確許多牛奶瓶身都有以「水滴」形狀做為訴求。

祂：其實，如果你注意看，通常那「滴水」的下方會同時顯現漣漪，有嗎？

我：你這麼說，我好像畫面更清晰了！

祂：關於罪的審判，比較正確的用詞是罪的「消融」。如何消融呢？就是重新回到上主的源頭。回到源頭沒有二元對立，沒有誰比較純粹或潔淨，當然就沒有誰審判誰的問題。

我：嗯。所以重返伊甸園，其實是「合一」的意思，我懂了。

請給我「合一」的網址

我：嘿！你在嗎？想聊聊。

祂：怎麼了。

我：又冷又有雨，今天這段路走得無聊。

祂：想聊些什麼？

我：這一路上教堂很美，主神龕以外，好多聖人、天使的神龕充滿故事性，多元而豐富，好像台灣的寺廟，主神以外有好幾個偏殿各司其職。只是……為什麼後來變成新教，只剩十字架，你怎麼看這樣的發展？

祂：人類的信仰是有黏著性的。如果你注意看，會發現基督宗教中的天主教大多保留在羅馬帝國擴張主政後的區域，模仿希臘神話中的多神，甚至因版圖的擴大也吸收了一些地方的神祇，甚至泛靈信仰。

我：這些我都略懂，我是想問，你怎麼看現在新教單一神的發展，一個可以「因信稱義」，人人可以與神溝通的基督教。

祂：因為你還在這個發展的過程當中，你的問題我無法回答你，我如果嘗試回答你，都是偏頗。

我：你這樣的回答，似乎可以套用在任何地方，我只是要你談談「目前」的發展，以及你的看法。

祂：好吧！這樣說好了。天主教中保留天使、聖人等故事，的確非常迷人，而令人

在離寬恕之峰（Mount Perdon）不遠處，可以看見結合凱爾特特色的巨石陣，石碑上每一顆星，都代表著朝聖路上的每一個城鎮。

有信仰的動力。但我要告訴你，任何媒介如果不能與「源頭」相連都是偶像崇拜，這個源頭的說法，是我們前天在說明罪的消融時有談論過。

我：你的意思是，任何神話故事、宗教儀式，最終的目的，是爲了與源頭相連，「與神合一」，是嗎？

祂：是的，還記得水滴的符號嗎？

我：記得。

祂：其實，受洗中的「浸禮」，就是那個水滴符號，合一的儀式。彌撒時的聖餐禮，所謂寶血、聖體聖事，其實也是一種合一儀式。在你們的眼中，鮮少人看得見，那合一儀式在你們生命中起的變化，這變化是連細胞都可以活起來……

我：懂了！你好適合來宗教系開課哦~嘻嘻！

祂：我還沒說完……

我：什麼……請說……

祂：當馬丁路德談「因信稱義」，許多人的確理解成蒙恩得救，但其實更重要的是，相對於天主教信仰中對《聖經》的詮釋權，你可以理解成電視的老三台，而新教更貼近於網際網路中，人人都是自媒體。

我：你這樣的比喻很妙。所以，新教舊教是不同的「合一」途徑，而各自發展中，重點在與源頭合一，對嗎？

祂：需要我給你網址嗎？

我：哈……你說合一的網址嗎？

不是人生，我給你的是生命

我：問你喔！《聖經》上不是有說，人是依你形象而造，現在看來你滿意嗎？看這世道，你不用負點責任嗎？

祂：你現在長成這樣，你會要你父母負責嗎？

我：不會啊。這是我選擇我要過的人生。

祂：是啊！從你出生你父母親已經給了你所有，他們能力範圍內最好的，你同意嗎？

我：同意。

祂：而你開始發展自我，想獨立的時候，你不是有個階段離開了父母。無論發展好與不好，你也不曾要父母負責不是嗎？

我：是挺有道理的……

祂：不過有一件事，我跟你父母不一樣，而且比你父母親更在意。

我：什麼事？你說。

祂：你們口頭禪經常說「啊！這就是人生啊！」，好像自己已經看透很多事。然後，你們的父母也是經常說：「這是你自己的人生，自己如果選擇了，不要後悔才好，畢竟人生是你自己要過的。」

我：是啊！這種感嘆，我經常聽。

祂：我不會干涉你的人生，但我看重生命。人生故事與生命故事是很不一樣的。人生故事可以找不同人演相同故事，所以你們在看八點檔的時候，總是輕易地找到對象投射，例如每個媳婦都想演熬成婆的橋段。而生命故事卻是獨特到只有自己可以創造。

祂：我當初的創造，就是依這樣的形象創造。

我：嗯……那個……有冷氣團過境，我明天出發的時候是零度，然後我要翻過一千五百公尺的鐵十字山，可以珍惜一下，這個依你形象創造的「生命」嗎?!

拜託了！

撐香港：是專注不是關注

我：喂！在嗎?!

祂：怎麼了，心情不好？

我：眞的動手了！眞的動手了！心很痛，也很沮喪……。雖然回台灣我也頂多去參加聲援活動，至少透過行動可以減少一些憂慮，可是我現在竟然還在西班牙的山谷中走路……

祂：其實，你還是可以爲香港做點事！

我：怎麼可能，我現在就是在每天走路，走路，不停的走路……

祂：你知道嗎？舉凡世上發生攸關「價值」、「信仰」、「人類文明進展」……等等的重大事件，其他維度的存有也同時在工作。這是一場又一場的靈性爭戰，這種爭戰不會只發生在人類社會。

我：哦！然後呢?!所以，遠在西班牙的我可以做什麼?!

祂：你可以「專注」，持續專注在這事情上，這對於不同維度但同時在工作的夥伴會帶來支持。

我：專注在這事情上，只會讓我情緒起伏。我剛剛滑手機邊看臉書中的相關訊息差點扭到腳。

祂：我說的是「專注」，不是「關注」。關注事情的發展的確會造成你心神不寧，但專注在這事件上則會帶來能量上的支持。

我：你麥來亂，我已經夠煩心了，什麼專注會帶來能量上的支持，講這我無法想像啦！

祂：你有沒有曾經有過一種經驗，當你走在街上，忽然感覺好像有人在看你，你回頭一望，你的朋友眞的在你後方？

我：有過。

祂：你後面沒長眼睛，但爲何你會感覺到有人在看你?!那就是專注，那就是能量在你身上凝結，你才感覺得到。

我：所以，只需要專注在這事件上，都不需要帶有祝福或祈禱？

祂：那些都很好，但那些行爲是儀式，是幫助來到「專注」的作爲。

我：嗯……

祂：別太擔心……持續專注，讓一起同工的夥伴們更有力量。

10 你所抱怨的，就是你選擇的舒適圈

If you want to arrive soon, walk alone.
If you want to further, go with other.

點頭之交不算的話，社交類型的朝聖者大概可以認識三十多人，沉默行者大概就是五至六人左右，而我就是那後者，千里路上只認識幾個人，也交往得深。我認爲，認識一個人像是閱讀一本書，我們名片上的職稱像是一本書的書腰或名人推薦，藉此對那人有了第一印象。繁忙的工商社會，往往要在對的時間才有機會看到一本書的目錄，也就是閱讀到一個人的生命脈絡是如何被架構的。

在這條朝聖路上，我通常不多問來處，也不問他在他的國家是什麼職業，就只是交流那當下片刻，這過程不只是爲了將一本書讀進生命裡，其實，更多時候是重新閱讀自己，讓自己在每一個片刻，翻開自己的某些篇章與人分享，而接受全部的自己是一種對生命的觀照。

從法國聖讓的朝聖者辦公室領到朝聖護照開始，同一天出發的朝聖者經過了幾天的腳程、體力、意志力篩選下來，差不多腳程的朝聖者就會成爲一個隊伍，在同

或許為某人停留可能寫下動人的詩篇，但「一期一會」的深刻體悟卻能得著自由。

一個城市休息，徒步時也會是同一批人互相打招呼。漸漸地成爲一個社群，每天一起走路、吃飯、休息、住宿，人與人的社會行爲就起了變化，或者應該說人類社會就自然演化起來。有些人的特質喜歡擔任照顧者、有些人是被照顧者、喜歡抱怨者、多話者、自私者……，很快地什麼角色都齊全了，是社群也是小圈圈。

位於Manjarin，一位號稱「最後的聖騎士」的Tomas，近年身體狀況不佳，仍堅持用騎士精神服務著來往的朝聖過客。

我記得，有一對來自澳洲與英國的伴侶，剛認識的時候，我非常喜歡他們相處的氛圍，在途中休息用餐時，我都可以感覺到他們之間濃濃的愛意。他們彼此的眼中有對方，但也不是進入兩人世界，像是特別開放地邀請我進到兩人營造的美好世界。直白的感受是，我們很喜歡你，但我們是一對，大概是這樣的氛圍。

某一天，我遠遠地看見他們在涼亭休息，當我靠近的時候，那澳洲的朋友氣噗噗地快步離去，我到現在都還記得他離去的身影。而獨留的英國朋友布蘭登則是聳了聳肩尷尬地對我笑了一笑，連忙背起行囊追了上去。之後幾天，看他們一前一後地走著，似乎還沒和解。路程上相遇時，彷彿之前微笑與默契都不算數了，我成爲了陌生人。

因爲相同腳程與速率，我知道我未來還會繼續與他們相遇，爲了不必要的心情與煩惱，我當天特別加快腳程，選擇離開這個隊伍，往原本預計休息的下一個城市前去，加入全新的隊伍。

走這條朝聖之路，眞的很像人生的道路。你抱怨周圍的人、事、物嗎？你的職場環境、你的朋友圈與人際網絡、還有你的親密關係，是不是也有讓你非常不自在的對象呢？我要告訴你，那不就是你選擇的舒適圈嗎？因爲你不曾爲這份抱怨Do something!

而我，選擇多走了一倍的路程，加入了另一個社群，重新體驗朝聖之路的下一段精彩。

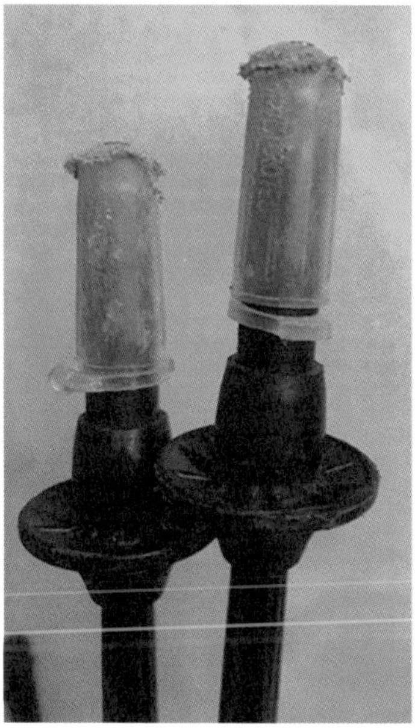

自以為優雅的朝聖節奏，兩天後我才驚覺，我根本沒有拔除登山杖的保護套。

11

鐵十字山：放下人生的重擔

爲了避開氣象報告的午後風雨，天還沒亮即在零度低溫中上山，把背包中能穿上身的都翻出來。口鼻呼著白煙，一步一步也是能夠走到的。

大概在朝聖路線上一半路程，一座高約一千五百公尺，大家稱它爲鐵十字山，主要是因爲十一世紀時，附近修道院的修士擔心大雪覆蓋了山路，特別立了一座高達十公尺的木樁，上頭放上鐵製十字架，爲朝聖者指引方向。

各國的朝聖者從自己的家鄉帶著石頭，象徵自己生命的重擔，不遠千里地來到鐵十字山，「放下」自己的重擔。

後來鐵十字架，怎麼會變成鐵十字山呢？來自世界各國的朝聖者常年來有個習慣，會從自己的家鄉帶顆石頭，象徵自己的生命重擔不遠千里地放在鐵十字架下方，代表「放下」自己的重擔。如今，這來自世界各國的重擔，已堆砌成一座小石丘。當時，我還在想如果世界各國的朝聖者放的不是石頭，而是種子，那這地方一定變成世界的「保種中心」，一個叫做鐵十字山的諾亞方舟。

我會用種子的發想來對比石頭，其實，是因爲有一個有趣的發現。人生中很多時候，我們認爲代表重擔與壓力的石頭，都是潛藏著希望與力量的種子。我在薩滿課程的學習裡，其中一個訓練就是找尋自己的神聖動物，許多練習者在找到陪伴自己的神聖動物後，喜歡揣摩牠的習性，並且加以模仿從中獲致力量。但這都只是學會了一半，有時候了解你的神聖動物在自然界中的天敵，可能會讓你的學習更爲完整，因爲天敵是激發生命力生存下去的力量來源。所以，這座充滿重擔的鐵十字山石丘，也是一座充滿希望的諾亞方舟。

不免俗地，我從台灣出發的時候背了兩顆石頭。一顆代表台灣這片土地，我放在祂面前，希望台灣越來越好，讓在進步中的台灣扮演好屬於台灣這個生命體原本該有的角色與任務。過多的重擔在進程中都可以放下了，母親台灣，可以不用再透過經歷苦痛的歷史書寫來證明自己的存在。

另外一顆是幫我的媽媽背的，如同本書開頭說明的，我的母親在睡夢中驟逝，有個性的她生前便交代要大體捐贈，並且選擇海葬。我沒有經歷世俗的喪葬禮儀，也沒有「否認」、「憤怒」、「討價還價」、「消沉抑鬱」、「接受」這些悲傷心理歷程，我的母親就硬生生地從我生活中不見了。我失去了好好告別的儀式，我其實好想媽媽。

也因爲母親擔任大體老師的關係，我同時經歷了一次次的「悲傷掠奪」。什麼是悲傷掠奪呢？在一般的社會觀念裡，大體捐贈是一項有愛心又很偉大的舉動，但其眞實情境就只是面對一個至親的逝去，無關乎義舉如何被彰顯。這個大體捐贈的義舉，讓我每次找好了安心傾訴的對象想要好好哭一場、想要訴說自己的悲傷時，得到的卻都是這樣的開頭：「你媽媽好偉大，做了大體老師，所以你不要太傷心……」

這一路上我其實想了很多問題，理性上我會問，擔任大體老師眞的可以是個人的決定嗎？喪親家屬是如何理解與接受這個決定？推廣大體捐贈背後的宗教信仰是如何陪伴喪親家屬呢？大體捐贈是漫長一學年的課程，喪親家屬延長了哀傷以及埋藏在內心的麻木感，要如何將義舉的「意義感」維持住？醫學院所謂的醫學倫理與人文課程，對大體老師家屬的訪問，喪親家屬的感受又是什麼呢？

陽光灑了下來，我歡喜祢在。

我將這代表媽媽的石頭，在鐵十字山放下，我痛哭出聲：「媽媽，我好想你！」「我好想念你的蛋炒飯！」。那一刻，我終於釋放了，我找到了思念母親的正確方式。原來，身爲長子，在長大以及社會化的過程中，一方面有成爲大人的需求，一方面想要成爲家庭裡有能力解決問題的角色，而我卻忘了身爲孩子的身分了。所以，我哭得不盡興，思念得不純粹。

媽～～（有尾音），當我牽著尾音叫媽媽，帶著親暱的味道，我發現我的情緒可以自然而然地宣洩出來，回到一個孩子的角色，任性地思念沒有顧忌。也難怪我會想起母親的蛋炒飯，因爲那是我以前放學打完球，進門時的第一句話：「媽～挖巴豆妖！」

在鐵十字山，我放下了代表媽媽的石頭，我知道在未來的人生裡，每一次想念妳的時候，都只記得妳的好，那是專屬於孩子，母親的美好視角。我抬起頭謝謝祂，祂眞的說到做到，在寒冷風雨欲來的天氣中，我吐著白煙走進鐵十字山，天頂雲層破了一個洞，陽光灑下來半小時之久，我歡喜祢在。

12 最後一百公里的魔咒

是的，我終於走到了最後的一百公里，心情眞的像當兵時「破百」一樣，只是把數饅頭，改成數法國麵包。已經走了七百多公里路，當然會因爲破百而歡欣鼓舞，不過，我想告訴你，一百公里其實還很遠，你最好對於那個一百公里的界碑視而不見，千萬不要駐足拍照。

大腦是非常精密的設計，當你接收到最後一百公里的數字時，頭腦會認爲你快要走到了，但事實是你還有一百公里。當頭腦傳遞出快要完成的訊息時，身體會很誠實地放鬆，然後，全身上下的檸檬都長回來了。原先身體用盡全力、偶而佐以腎上腺素支應一路上的所需體力，現在卻忽然覺得可以休息了，那種不管明天，一直走就對了的感覺不見了，取而代之的是有一種好累的感覺。不知道人生中，所謂無規劃的退休，是不是也是這樣的狀態。

從薩里亞城開始，沿途人變多了，一方面是因爲朝聖者辦公室規定，只要一百公里走進聖地牙

途經Sarria，在最後一百公里的石碑合影，大腦收到放鬆的訊息，身上的痠痛全都回來了。

哥城，就可以領到朝聖證書，所以有許多人因爲各種因素，選擇只走這一段。另一方面是有些旅行團推「朝聖體驗」行程，也是從這裡開始，一路上遇到有韓國、中國、西班牙的旅行團。

行進間，眼前忽而飄過，韓國大媽雙雙倆倆，沒有背包沒有登山杖，拿著相機愜意的拍照取景。再轉身忽而看見西班牙老夫婦拿著一整盒披薩在野餐。當我翻越山丘走進薩里亞小鎮時，一切謎底都解開了。我沒有看錯，一輛輛行李車、保姆

看完此書，至少你不會像這個朝聖者一樣，在里程數字碑上留影，好蠢。

車在等著這些「朝聖體驗團」，隨時走累了，可以在下一個小鎮上車，補給水、食物，時間到了載大家去旅館睡覺，第二天再載你繼續走。

其實，這些日益增加的「聖雅各香客」，對我最大的困擾是，我路上要上廁所的困難度大增，他們飄乎不定、神出鬼沒，沒有朝聖者之間的默契。當你彎進去樹叢，他們會以爲是不是有特別景點。不然就是以爲你走錯路了，很熱情地追上來要提醒你。（阿嘶～你跟上來，我是要怎麼上廁所啦！）

有時候，當你走進一個城鎮，遠遠就看到教堂，正當你徒步前往蓋戳章的時候，就在你眼前會忽然出現廂型車，然後香客團會魚貫而出地走進教堂，拿出朝聖者護照蓋章（不自覺地翻了白眼）。這最後一百公里路，爲了應付世界各國的香客，旅館、餐廳、超商以及禮品店變多了，雖然採購生活必需品方便許多，但是，對於已經適應寧靜徒步的朝聖者來說，卻也過於喧囂。

其實，也不是鄙夷不同的朝聖方式，只是單純描述一個徒步朝聖者的心境，當走進這最後一百公里，感覺到被干擾。或許這種安排，是準備重返人間的收心操，這樣想也挺好的。

13 寫上媽媽的名字

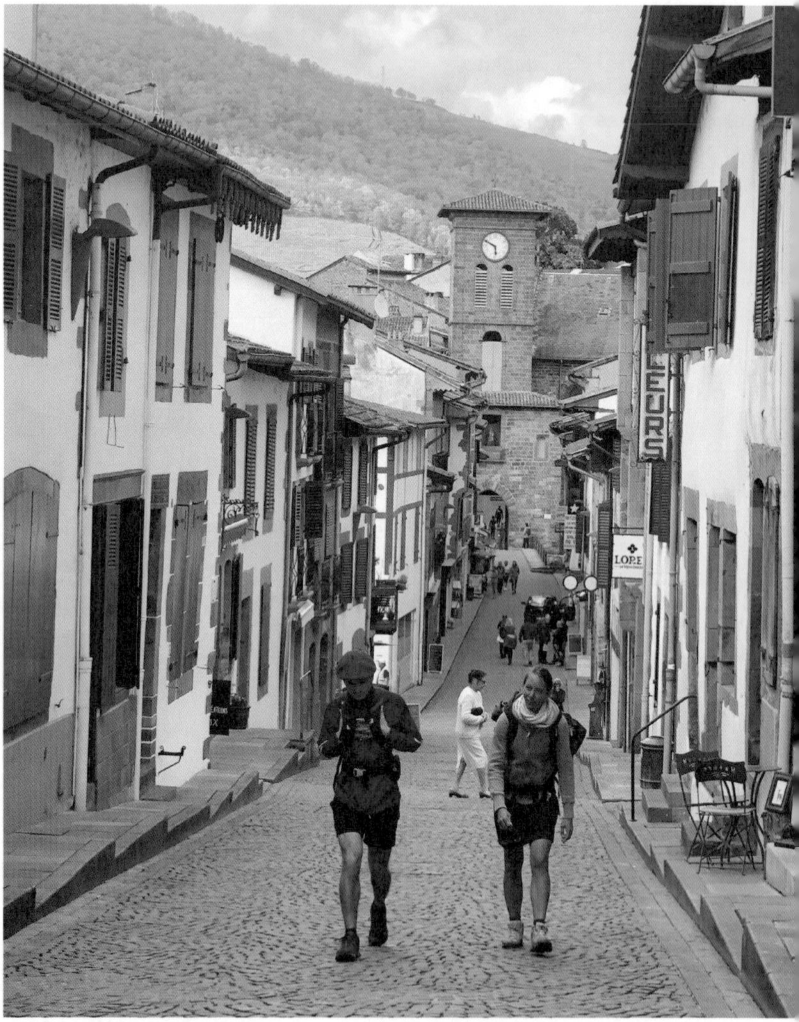

聖讓，這座位於庇里牛斯山腳下的美麗小鎮，迎接著來自世界各地準備啟程的朝聖者。

我特別選擇五月十二日出發，也就是五月的第二個禮拜日，母親節當天我轉了三趟火車，才抵達聖讓（Saint-Jean-Pied-de-Port）剛下火車，天空便有老鷹盤旋歡迎，對於我這個薩滿學習者而言，真是個好兆頭。

那天，我跟媽媽說：「明天我們要準備翻越庇里牛斯山，展開千里長征了，一定可以順利走完的（握拳）。」、「所以，親愛的媽媽，我今天前往朝聖者辦公室面談，順利拿到朝聖者護照，並且也挑了一枚象徵聖雅各之路的扇貝，我將帶著護照到路上的每一處教堂，蓋滿所有戳章。」

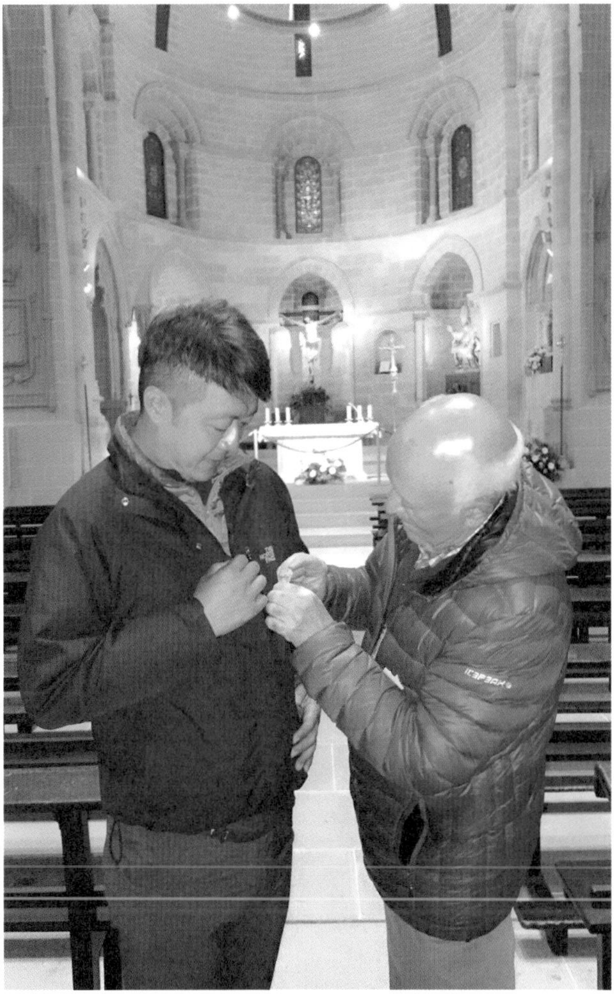

位於星星鎮（Estella）的Church of St Miguel，值班的同工表示，我是他第一個遇見的台灣朝聖者。他拿出地圖要我確認台灣的地理位置，也拿出手作的黃箭頭胸章替我別上。

抵達聖地牙哥，有人開心擁抱、有人拍照紀念、有人莫名流淚、而有些人只是靜靜地坐在教堂前。如果，我們的人生也走到終點，會是什麼光景與表情？

「媽媽，你知道嗎？據說從中古世紀開始，只要走完全程領到朝聖者證書，將可以赦免世上一半的罪，可以上天堂。」、「媽媽，今天是母親節，這是我爲您準備的禮物。」

沒想到，三十七天的路程，我眞的走進聖地牙哥城，那天下著雨，我沒有急著走進聖地牙哥主教座堂，我只是在廣場邊找了一個地方窩著，耳邊傳來我母親的叨絮：「……哩吼～金厚膽！英文也不會幾句，就去跟人家走朝聖之路。早知道，當初你滿月作膽，石頭就不要撿那麼大顆，我也不用一路爲你擔心……。」

我端坐了半晌，平靜地跟媽媽聊天。「媽媽，謝謝你。謝謝你給予我健康的身體，讓我能支應這八百公里的朝聖路。謝謝你在爲我取名時，特別放入了勇氣，好讓我在一路上不畏艱難。謝謝你，在我滿月時，撿了大石頭爲我『作膽』，讓我能在面對挑戰時，享受冒險。

「他們說從中古世紀以來，只要走完八百公里朝聖之路，成功領到證書，上帝便會免去世上一半的罪，於是我希望證書上是留下你的名字，如果不是你，我不一定能走得完。」但是，依照其他朝聖者的經驗，似乎這請求不太可能，有許多的朝聖者被拒絕過。

這裡的朝聖者辦公室像極了銀行，抽了號碼牌，排隊等待叫號碼時，我在心中演練了好幾遍，輪到我走到窗口面談時，我如常地填寫了資料，回答幾個基本問題，確認完我的公里數以及戳章，眼看他拿出證書，準備放進去彩印的時候，我說：「可以在證書上寫上另一個人的名字嗎？這對我來說很重要。」

他看了我一眼，又看看旁邊其他窗口的工作人員，沒有回話又不動聲色地遞一張便條紙。我到現在還記得這個中年大叔的長相，從他襯衫的領口，我知道他應該是個神職人員。

拿出我在台灣就查好的羅馬拼音，我在便條紙上寫下媽媽的

謝謝神職人員在證書上寫下媽媽的名字，許多朝聖者認為這是奇蹟，但其實是恩典。

名字，當下，我激動到流下淚來。「媽媽，我們做到了，你看，這是你的朝聖者證書。」、「親愛的媽媽，世上的罪已赦免，天堂也好，源頭也罷，我深深祝福你。之後，再想起你，我會看看自己的身體，我知道我的血液中有你……。」

「Mama, Bune camino~」走出朝聖者辦公室，我清澈地明白一些事。每次你在接起電話，我喊一聲媽媽的時候，你會告訴我說：「我好喜歡你們叫我媽媽的這一句，我好希望你們都回到小時候，那時候，環境很苦，但我很滿足。」我變成大人的過程中，我們倆都很努力地適應著，我練習用大人的角色與你互動，每一次互動便蓋上一層無法言明的東西，我們之間的關係變成一顆洋蔥，而愛變得不容易流動。

想你的時候，像剝洋蔥。一層大人，好讓我可以用長子的身份，爲你辦好身後事，讓妳能滿願而去。一層小孩，好讓我可以任性奔去陽臺，大聲叫著你，讓你常駐心底。

洋蔥一層一層，我相信有一天我會剝完。之後，你就會變成我印象中的媽媽。那個我放學回家，傻笑站著說：「媽媽，挖巴豆夭啊！」那個專屬於孩子視角的媽媽。

14 重生，走到世界的盡頭

台灣通過亞洲第一的同婚合法化，我在西班牙的新聞上看到專題報導，天邊也非常共時性地，掛上一抹彩虹。

我在濕漉漉的天氣走進聖地牙哥主教座堂，暫時結束第一階段八百公里的朝聖之路。這條途經法國橫跨西班牙的朝聖之路，根據朝聖者辦公室統計，大約百分之十五的朝聖者會走完全程，仔細想來像做夢一般，是什麼讓我走完全程的呢？我想，應該是接受自己能力有限，以及相信無論如何，我都可以走得到的信心吧！

什麼是接受自己能力有限呢？每天身體的各種狀況，吃飯、休息的如常需要，我都敞開心接受這一切的發生。沒有多餘的競爭，沒有多餘的比較與擔心，只是臣服上天的安排，一步一步走在信心中，就走到了。這一段平鋪直述的話，卻是最眞實的禮物，我希望此生我都能夠記得這一分收獲。

當時的我，因爲肝臟的問題，徒步經常感覺到疲累，疲憊到斷電的時候我就會躺在路邊小憩，我幾乎是邊休息邊徒步走完全程。人生的路，無論是否會走到我們想去的地方，但我們一定會走到終點，如果累了，記得要說出「我累了，我需要休息」。如果還有氣力，要記得享受周遭發生的一切，因爲，路上風光只有自己看得見，別人說得再美妙，都只是轉述。

後來想想，或許是帶著病，才能夠用孤獨的方式去體會這一條朝聖之路；或許是帶著傷，才能走進自己內在的英雄旅程；或許是帶著掛念，才能夠發現自身故事裡的史詩場景與縱深。我知道如果不是這個時間走，一定會是另一個篇章，如果再走一遍，也將是獨一無二的歷程。只是，人生從來不會有如果。

一千多年來，人們在這條路上徒步朝聖，向使徒聖雅各致敬，但是有一些朝聖者的旅程還沒有結束，他們相信朝聖的終點必須要是世界的盡頭。從聖地亞哥德孔波斯特拉，沿著這條遠離城市的小徑再走九十公里，便能到達菲尼斯特雷角，英文名爲「Cape Finisterre」，源自拉丁語，意爲「世界的盡頭」。這個被狂風吹拂的西班牙角落已有四千多年的文明史，那裡的大西洋如野獸般狂怒，歷史上發生過許多重大船難，當地人也稱爲死亡海岸。

這個地方爲什麼叫做「世界盡頭」呢？其實尚未發現美洲大陸之前，羅馬帝國征戰至此，面對一片無盡汪洋，他們認爲已經是盡頭了，再也沒有地方可以讓他們征服了。這樣的認知看似榮耀，但以現在的眼睛來看，卻是對遼闊世界的無知。我們的生命經驗裡，一定也有過這樣的情境，在某個人生階段或某個社群成爲佼佼者，因而感到驕傲無比。

Finisterre又稱為「世界的盡頭」，這裡有一座0 KM的地標，相傳當時的羅馬帝國征戰至此，以為自己征服了全世界。

在這個世界的盡頭，走到沒有路，有一「0-km」的地標矗立著，據聞朝聖者會在這個海岸邊，靜靜地看著夕陽，再靜靜地等待第二天的日出，然後把全身上下陪伴自己走朝聖之路的衣服燒了，換上另外一套衣衫，代表一個「重生」的發生。

或許，對於一個地球的旅人來說，世

如果你已經走到了Finisterre，建議你可以繼續拜訪Muxia這座安靜美麗的小鎮。

界的盡頭值得洋洋得意。但是對於一個朝聖者來說，「0-km」是一次的歸零，因爲他們知曉經典裡，善用隱喻的奧義：「生命」之路是時間座標，「道路」的盡頭是空間座標，而「眞理」連在當下都無法言喻。

許多的朝聖者會繼續的走到Finisterre海岸邊，靜靜的看著夕陽，再靜靜的等待第二天的日出，代表一個「重生」的發生。

15 遇見凱爾特族

那一天，粉紅史考特沒有說話，在前往Lintzoain的半路上，山林裡卻是唧唧喳喳，我並不以爲意，只是聽見那片森林帶著慶祝般的愉悅。忽然有個聲音告訴我：「翻過這個山頭你會走到一個看似貧瘠的山丘，那是龍族的居所。接下來的朝聖路上，你會經過十幾處龍族的居所。」果不其然，我走進了一個鱗光片片的畸地土丘，像是在龍的背脊行走，祂們說：那是斯底比亞。

這下可有趣了，除了粉紅史考特的陪伴，現在在森林裡有時傳來精靈們的話語，還爲我介紹了龍族。打從朝聖之路走進加利西亞自治區，沿途便發現許多美麗而有力量的圖騰，充斥在飾品、服飾、房屋的彩繪。尤其是在走進O Cebreiro這個村莊，那茅草圓

從Lintzoain往Pass of Erro的路上，走入鱗光片片的土丘，突然有個聲音告訴我：這是斯底比亞，龍族的居所。

從Lintzoain這個區域開始，經過了十多處龍族的居所。

頂的土樓映入眼簾時，我內心忽然明瞭這個區域的土地，曾經有過一個族群或者一個文明，而我的耳邊再次傳來話語：「去找一座太陽神廟」。

「啊！我在走天主教的朝聖之路，叫我去找太陽神廟？」

朝聖日記上記錄著我在六月十八日走進了聖地牙哥城，一路上並沒有發現什麼太陽神廟。我決定繼續前往世界的盡頭菲尼斯特拉時，耳邊再次傳來話語：「找到太陽神廟，並且在那地方進行夏至儀式。」菲尼斯特拉小鎮坐落在一個名爲法霍山的海角上，叢林密布的法霍山高二百四十米，山的東側緩緩與小鎮相連，西邊則斜插入大西洋。

這小鎮有一個朝聖者著名地標，一隻銅製的鞋鑲嵌在海邊一塊岩石上方，沒有任何文字說明，其實也眞的不需要任何文字說明，所有的朝聖者站在這俯瞰整個大西洋，一切都多說無益。我在前往這個著名地標的路上，有一條小徑岔出，指標出聖吉列爾莫修道院（San Guillermo Hermitage）的遺址廢墟坐落於此。

在內心的指引下，我離開了原來的路線，一路爬山前往聖吉列爾莫修道院遺址，意外發現了聖吉列爾莫修道院下方就是一座太陽神廟。正如加利西亞歷史學家維切托（Benito Vicetto）所描述

在Finisterre路上有個分岔路，可以通往聖吉列爾莫修道院遺址，意外發現遺址的下方就是一座太陽神廟——阿拉索利斯神廟（Ara Solis）。

的那樣，征服歐洲的羅馬人在這裡，第一次看到了加來西人爲敬拜太陽而建造的一座簡單的石頭神廟——阿拉索利斯神廟（Ara Solis）。

羅馬人稱小鎮居民爲「加利西」（Gallaeci），即凱爾特人（Celts），因爲他們淺色的皮膚和頭髮就像高盧人（高盧即現在的法國）。加利西人相信「萬物有靈」，他們認爲物質世界的一切，無論是太陽、星星、岩石、樹木還是水，都有靈魂。

走進Galicia區域，可以看見各式各樣凱爾特族的圖騰。

當我穿越叢林，眼前的平台讓視野一片開闊，面對大西洋的阿拉索利斯神廟見證著日升月落，我知道這是我要找的太陽神廟，我的朝聖日記上記載著當天是六月二十一日，也就是夏至。當時已是晚上七點，天色微暗我不敢獨自上山，約了兩位路上認識的朝聖者一起前往，現在回想起來覺得有些不可思議，爲什麼她們竟然毫無思索地答應了。

我在超商買了一瓶紅酒，在遺址上堆砌了代表四方的石堆，並且在中心放上一顆較大石頭，作爲祭壇能量定錨與獻供之處。我請同行的朝聖者協助，將糖果以及捏碎的餅乾撒在神廟遺址的土地上。

圍著祭壇，我在心裡先走了一遍「內在地景」，避免自己進行儀式時發生不必要的個人企圖。我向她們說明等等要進行的步驟，拿出朝聖之路上購買的凱爾特圖騰的手鍊，一一爲她們綁在手上。我們分別將紅酒倒在代表四方的石堆上，我說明著進行儀式的神聖意圖，關於這一條朝聖之路的復興，這一片土地上的靈性存有將一起參與，我可以感覺到越來越多人加入我們。

站在面對大西洋的石坪上，嘴巴開始吟唱起來，這是我人生中第二次吟唱（第一次發生在南美的部落儀式），吟唱的內容是關於這土地上的神話，講述這裡曾經存在的紅龍與白龍，時而合作時而爭鬥，牠們有些仍然沉睡著，是時候一起工作了……。我所站的遺址是灰白石頭櫛比鱗次，同一個海灣的另一處，視野剛好在祭壇的正前方，夕陽餘暉下閃耀著一座棕紅色的石頭山。

我在太陽神廟遺址上堆砌了代表四方的石堆，並在中心放上一顆大石頭，作為祭壇能量定錨與獻供之處。邀請這一片土地上的靈性存有一起參與「夏至儀式」。

其實，在此之前我從來不認識凱爾特。回台後，偶然在書店發現一本書《歐洲文明的起源凱爾特》，在我翻閱後才眞正知道凱爾特的歷史，但我卻在朝聖之路的路上與他們相遇了。說到「最初的歐洲人」——凱爾特人，在羅馬與基督教出現之前，幾乎遍及整個歐洲，而可作爲歐洲獨特認同基礎的，正是凱爾特文化。

現在愛爾蘭、蘇格蘭

沿著聖吉列爾莫修道院的指標爬上山，眼前一望無際的平台，是一座天然的祭壇，就在這裡開始工作吧！

民族的語言中，仍夾雜許多凱爾特語。而凱爾特人沒有使用文字，而是透過語言傳承民族神話，所以他們有吟遊詩人的特色，而風笛便是他們的樂器，我也開始理解為何在太陽神廟進行儀式時，會以吟唱來工作。

凱爾特人泛靈信仰下的生活元素，像是妖精、巫女、小人族、巨石文化……遍佈整個歐洲，尤其是大布列顛地區、以及法國及西班牙。也難怪會培育出像是《魔戒》、《哈利波特》、亞瑟王與梅林這些奇幻文學。我想，走這條朝聖之路會與精靈以及龍族相遇，便不足為奇了。

專門研究朝聖之路的聖雅各協會的主席瓊斯（Colin Jones）曾經說過：「岩石和水這兩者如此不相容，但是共存是別具意義的，因為人類與這些自然元素有著深厚的情感。」就像是自古不同信仰的朝聖者在這世界的盡頭，有人祭祀太陽、有人緬懷聖雅各使徒的安息地，在聖潔騎士的聖戰之後，我彷彿看到唐吉軻德，吹著大西洋冷冽的海風，坐在岸邊觀賞日升月落的「如常」！

16 所有的發生 都是旅程的一部分

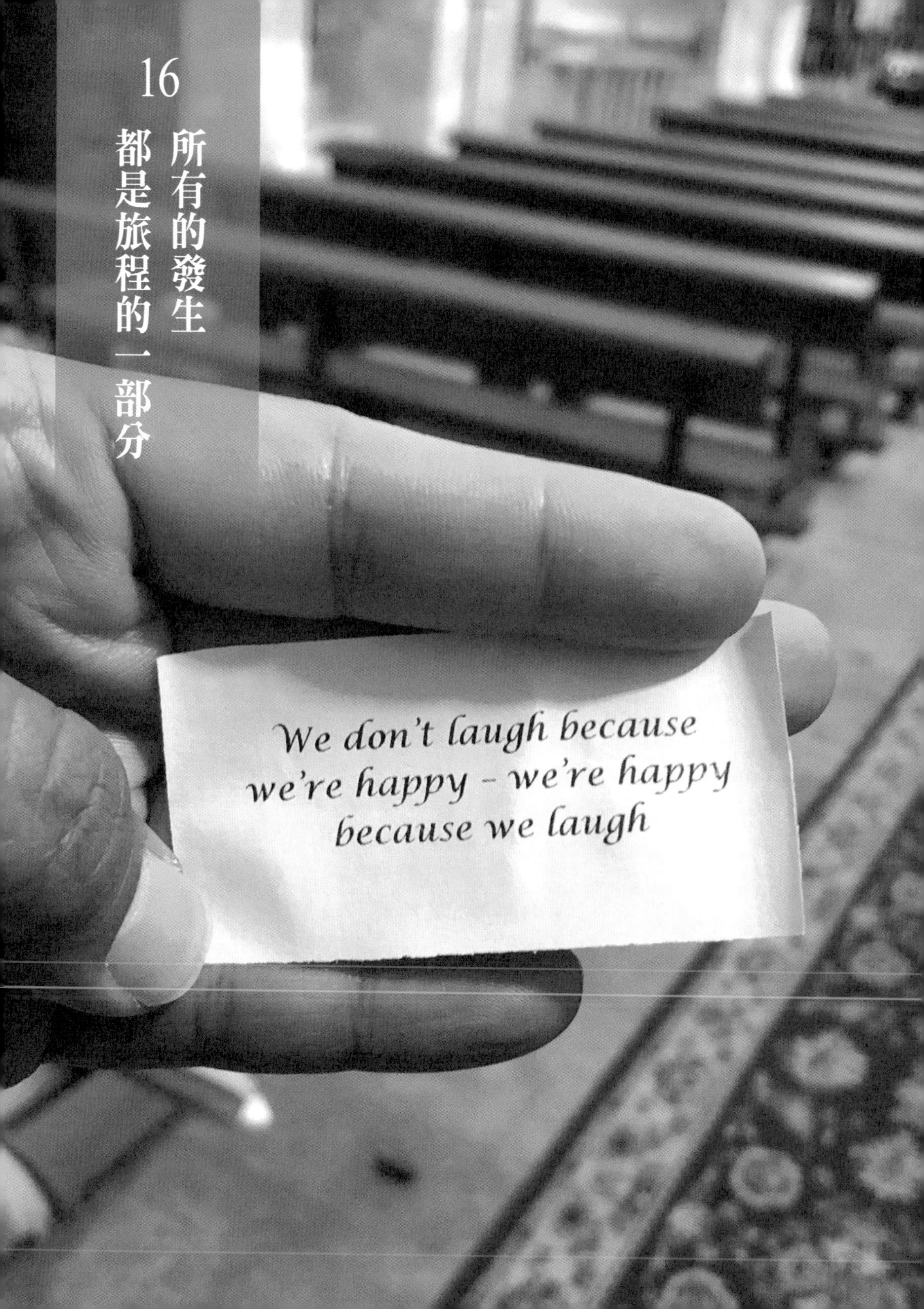
We don't laugh because
we're happy – we're happy
because we laugh

總之，遇到什麼事，笑就對了。

「We don't laugh because we're happy - we're happy because we laugh.」我終於知道，昨天在教堂抽的那一支籤詩，上帝爲什麼會給我這段話了，因爲人生中所有的發生，都是旅程的一部分。

七十歐的故事

我思忖著如果走了二十多公里路，抵達伊特羅德拉韋加（Itero de la Vega）小鎮，但是這個地方的房間全部客滿沒有床位，下一個城鎮又距離十五公里，我想我根本沒有體力可以往前再走。

一連幾晚，我爲了此事傷透腦筋，沒想到竟然在Airbnb訂房網站看到一間民宿套房，我二話不說就刷卡訂房，對方屋主還來信希望我能證明我是朝聖者。她說：「我只服務朝聖者。」我立馬拍了朝聖者護照以及幾張路上自拍的相片傳了過去。

當天，走進小鎮我打開導航，搜尋了訂房網站上的地址，導航卻一直帶我到一間私人的「庇護所」，因爲有其他朝聖者也在排隊入住，我實在不方便去打擾分身乏術的服務人員。於是，我一次又一次確認地址，導航仍然將我帶回到「庇護所」。我問了當地人，也詢問這個名叫Sara的屋主，沒人知曉這個民宿，更遑論聽過這個人。

我的天啊！這是什麼情況！於是我趕緊打了電話給民宿主人，第一通Sara告訴我，我的訂房日期是明天，所以她人不在家，她出城去了，接著便以收訊不好爲由掛上了電話。過了一陣子，我實在等不及了，我又撥了第二通電話，結果她告訴我，她趕不回來，請我去那間庇護所，會有人帶我去住的地方。於是我走進這間私人「庇護所」，沒一會兒庇護所電話響了，服務員一陣西班牙語後，示意我跟他走，上了二樓他告訴我，這是我的床位位置。

不對啊！我告訴他我是訂民宿，而且是有衛浴的套房啊！但服務員聳聳肩，告訴我他也不認識Sara，但訂的床位的確是這個。我用了七十歐元訂了民宿房間，卻自始至終沒見到房東Sara，只得到了一個原價六歐元的床位。難怪昨晚透過網路訂好房間之後，Sara一直想跟我確認我是不是朝聖者。我懂了，我大笑，因爲朝聖者走不動了，不會再爭吵了，有一床可窩著就很棒了。所以，我用七十歐元睡自己的

背後的門窗，就像Sara的民宿，看的到卻走不到，令人不禁翻了白眼。

睡袋，我發自內心的笑，笑這一切的荒謬。

當天我寫完朝聖日記，將自己的遭遇po在臉書，卻引來了我好友們的憤憤不平，每個人義憤填膺地教導我如何跟訂房網申訴，好些人告訴我為了下一個朝聖者，千萬別縱容這個詐騙集團。老實說，我看到親友們一面倒的留言，我笑得更開心了，原來，不同心境真的會影響我們看事情的視角。身處台灣的朋友們，每個人在自己熟悉又安全的環境，正義的界線必須被行使，可是，我真的只想要有一個棲身之地，讓我不需要在寒冷的夜裡流落在異國小鎮的街頭。

這一件蠢事，很快在庇護所裡的朝聖者之間傳開來，晚餐時，他們不斷地夾桌上的食物給我，說：「你付了七十歐，要多吃一點才划算。」

走這條朝聖之路，我一直孤獨地走。那一晚，我喝了酒笑得很開心，我知道我用了七十歐開了一個派對，在庇護所門前，請他們幫我拍了一張翻白眼的相片。

跟萊昂的時尚阿貝Say Sorry!!

為了方便，我堅持用小瓜呆髮型走朝聖之路，不用抹髮膠，帶帽子也不怕頭髮塌，最重要的是，萬一沒辦法洗頭也沒問題。只是，頭髮容易長，需常修剪。我記得，第一次在奔牛城潘普洛納（Pamplona）修剪頭髮，眞是遇人不淑，把我剪得像狗啃，害我戴了好幾天頭巾。

這幾天西班牙遭遇熱浪襲擊，高溫來到三十五度，讓我又興起剪頭毛的念頭。在萊昂這個大城市的街頭，眞的不誇張，我經過了七間理髮廳，有家庭理髮也有髮廊，我實在拿不定主意要選擇哪一家？後來，我看到有一間理髮廳，門內站著一個穿著格子襯衫的髮型師。嗯！有點英倫學院的味道，我想，這間

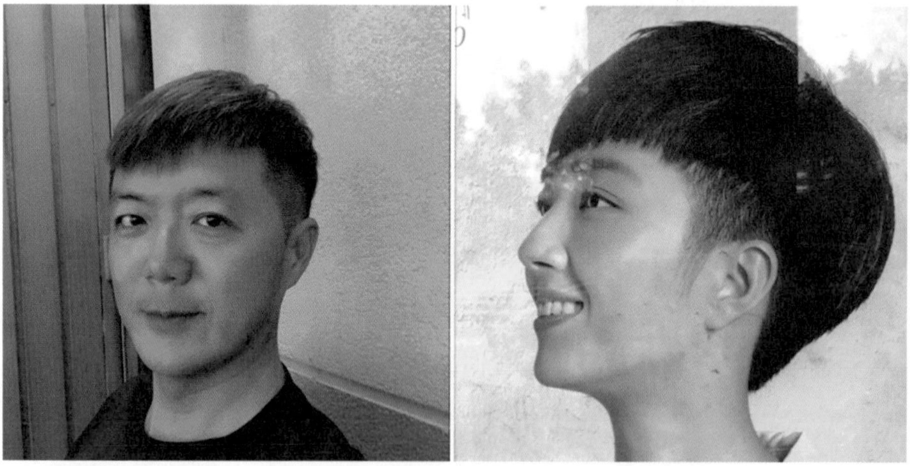

從手機秀出桂綸鎂的照片，就是希望阿貝知難而退，沒想到阿貝三兩下就給了我非常滿意的答案。

不情願地坐在課桌椅前，意外發現牆上掛滿阿貝年輕時的風雲榜。

應該可以試試。

一進門喊了聲：「Hola!」那個英倫風小帥哥便引領我進去理髮的區域，沒想到，是一位七十多歲的阿貝站我面前，對我微笑，我狐疑地看著其他客人，坐在離我遠遠的一排理髮椅上。當時我猶豫、我抵死、我不從，我不想坐下，心裡想著：「拜託，有沒有其他理髮師，可以跳出來解救這一切。」

阿貝示意要我坐在一張書桌椅上，我立刻拿出手機，找出桂綸鎂的短髮相片，希望阿貝能知難而退，沒想到阿貝看了相片一眼，竟然給我一個沒問題的ＯＫ手勢，跟我一起來的瑞士朝聖者Peter笑了出來。

天啊！潘普洛那的夢魘上演了，阿貝身上竟然沒有工具包，從別的理髮師那拿了一把剪刀以及一個嚕頭髮的理髮器，便開工了。

這時候，我發現我面前的這道牆，掛滿了阿貝得獎無數的相片，其中一張得獎相片的日期，那年我才剛出生。接著，我的頭成了教學現場，店內理髮師站在我身後觀摩，甚至還給我阿貝一刀，理髮師一刀的練習……。

剪完頭髮，阿貝問我是不是在走朝聖之路，便交待了櫃臺，只收了我三歐。三歐?!是台灣的百元理髮嗎?在我付帳時，阿貝他推了門走出理髮廳，消失在夕陽裡。

回到住宿的青年旅館，我上網搜尋了阿貝的名字，如果用我們熟悉的廣告詞形容，原來他是沙宣造型大師，在國際美髮沙龍展還獲邀演講，在西班牙有多家連鎖理髮廳，看來，當天他只是來巡店，就被我遇到了。

Academia Vallina Peluqueria y Estetica

https://www.facebook.com/CentrosVallina/

17

帶著故事走自己的英雄旅程

一對澳洲父子每年都會安排一趟旅行，父親給孩子的成年禮就是走上這條路，他的孩子私下開心地說：「走完，我以後的旅行就不用帶著父親了。」一對台灣年輕夫妻爲自己的蜜月旅行走上這旅程，我當時開玩笑地表示：「你們好勇敢，怎麼不是走完朝聖之路再決定要不要託付終生。」有一個德國婦人，他的父親身處東德又是虔誠天主教徒，在柏林圍牆還沒倒下前便蒙主恩召了，而她在退休後決定完成父親的遺願，獨自上路。這條路上的朝聖者，都帶著故事走自己的英雄旅程，每一個人都是獨一無二的途徑，就像是宗教學上所說的密契經驗，那種啟發無法驗證，卻眞實發生。

令我印象深刻，是在往波托馬林（Portomarin）的路上，我遇到了來自台灣的胖大嬸（不是我取的綽號，是她自稱胖大嬸），聊天中知道她長年照顧女兒，女兒是個重度身心障礙者，由於女兒已經長大，到了必須離開特教學校的年紀，爲了使她生活自理能力不要退化太快，便決定舉家搬遷到台南，讓她能夠持續在機構中過團體生活。

我只是說了一句：「你做爲家庭的主要照顧者，很辛苦！」胖大嬸立即紅了眼

我只能用這張照片來說明第一眼看到胖大媽的感覺：我就是要出去一下。

在Portomarin，遇見胖大嬸，謝謝她用自己的方式「補位」台灣尚未成熟的長照系統，她用自己的「人生」成就「生命」。

眶，眼淚便流了下來。我沒有太突兀的擁抱，也沒有遞衛生紙，因爲我不想阻止流淚，那眼淚如此美好。因爲腳程的一些因素，沒能多聊，但我知道要放下長年的被照顧者，實屬不易。這個「我出去一下」的決定，看似是放下自己的女兒，實際上是希望在這條朝聖之路，撿拾自己遺落的內在女孩。

我們相約要一起在終點聖地牙哥城用餐，我把當天的相遇寫進朝聖日記，我是這樣寫的：

「給胖大嬸，按個讚！我有一些話想對你，而我知道妳收得到。」

胖大嬸，眼淚很美好，流淚不是示弱。看到妳爲自己上演「我出去一下」，我其實很感動，而且想跟妳說聲謝謝。謝謝妳，在台灣還沒有建立各障別完善的長期照護系統時，是妳的用心，用自己的方式「補位」，用自己的「人生」成就「生命」。

謝謝妳，妳的陽性特質，全都拿來用在對外的堅強，無論是俠義性格、國術健身、或是騎重機的妳……。原來，妳把陰性的溫柔都保留下來，好迎接約定好的天使——妳的女兒，妳把美好的陰柔特質都給了她。

謝謝妳，今天妳走上朝聖之路，讓自己「出去一下」而得以喘息。這份喘息，非常珍貴，能夠讓以「照顧」爲核心的家庭結構，因爲出去一下，使得關係有機會放鬆與釋放。

妳說，妳原本期望的自我對話似乎沒發生，一路上好像都在「放空」。但是，妳知道嗎？當妳在家做一個主要照顧者時，妳的心理歷程早就已經擠滿了自我對話。沒有預期與期待地走完這條朝聖之路，相信美好的療癒已經發生，放空也許就是。

胖大嬸。

謝謝妳，愛自己。

謝謝妳，願意愛這社群。

謝謝妳，讓愛流動著。

18 女神回歸：露爾德聖女與抹大拉瑪利亞

說來挺有意思的，我在卸下民政局長的職務後，陸續安排了一整年的旅行，當時我已經敲定了三月埃及、四月日本、五六月則是聖雅各。大約在二月時，一個朋友傳來了訊息：「阿光，台北有一個老師說想見你，他說你的靈魂跑去找他，你的靈魂有話想跟你說。」這是什麼劇情?!我的靈魂大老遠跑去跟一個通靈老師說要告訴我事情？直接跟我說不是比較快嗎?!

依稀記得，我是在二二八連假臨時抽空北上，當時，我依約前往那位老師辦事的地方，爲了我的臨時抽空，他的護持弟子本來連假出遊，連夜趕回來擔任老師的桌頭，勞師動眾眞是很不好意思。說是桌頭，其實也只是一個拿著筆電快打的紀錄者，而所謂辦事的地方，就只是一般國宅的老舊公寓，空間內沒有任何的神像，不是我們想像中的宮廟辦事，而老師也是個特別的奇人，白天是個公務人員，晚上辦事也不收取費用。

老師寒暄幾句後點燃線香，便在與我聊天的桌上進到神入的狀態，透過老師我的靈魂便開口說話了：「你搞錯方向了，你的肝臟生病跟悲傷無關，不是因爲思念人或者悲傷引起的，你的肝臟跟沒有消化的憤怒有關，你太常把該生氣的事情吞下

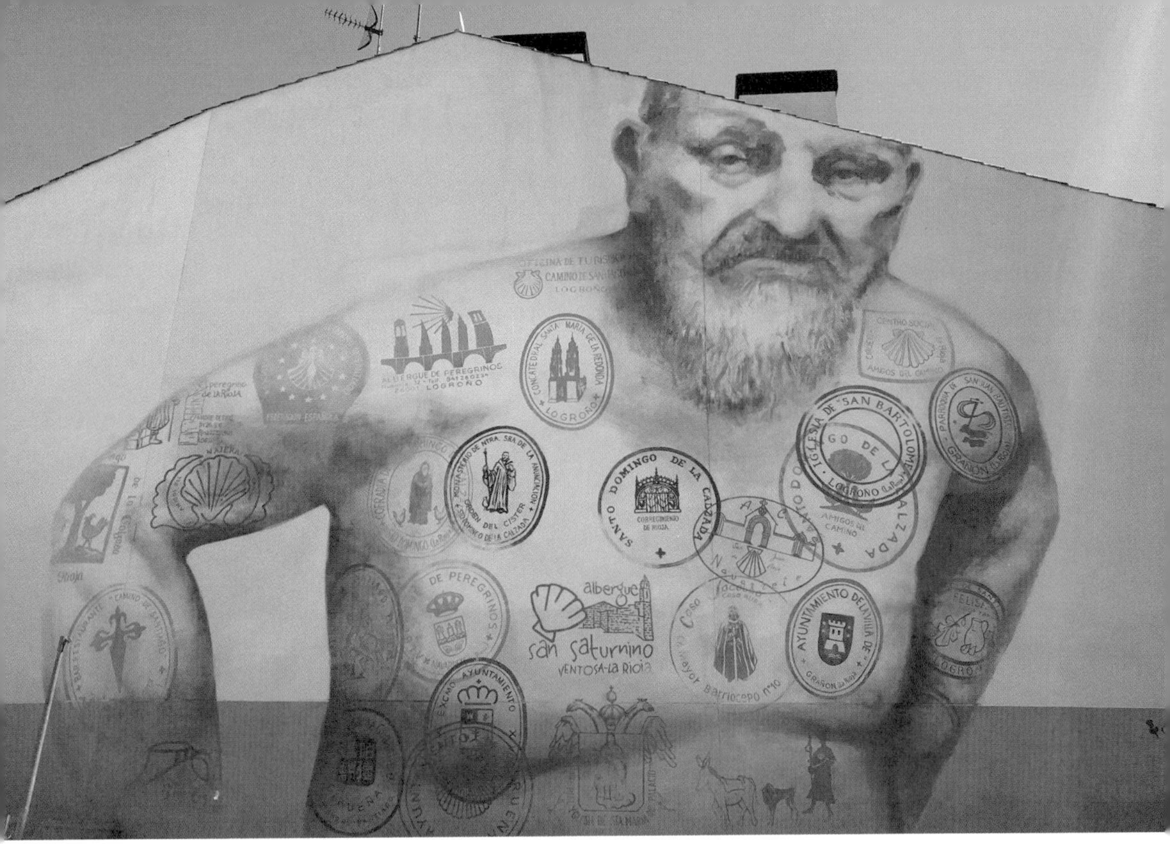

有些關係在自己身上層層堆疊、不知不覺在身體留下印記。

肚了。」

老實說，我當時一驚。這幾年包括母親與摯友的相繼離去，我一直認爲沒有好好處理悲傷歷程，所以情緒影響我的身體甚鉅。我的靈魂竟然第一句話就點醒我。可是，我沒有什麼憤怒啊！跟我一起工作的同事都知道，我是個沒有脾氣的人，這十六年來我幾乎沒發過脾氣，怎麼會說我肝臟生病跟憤怒有關？

透過老師的口，我的靈魂繼續說道：「你的工作中，有許多赤裸裸的鬥爭在發生，也會發生一些令你生氣的事情，但是你習慣用陰性的方式消

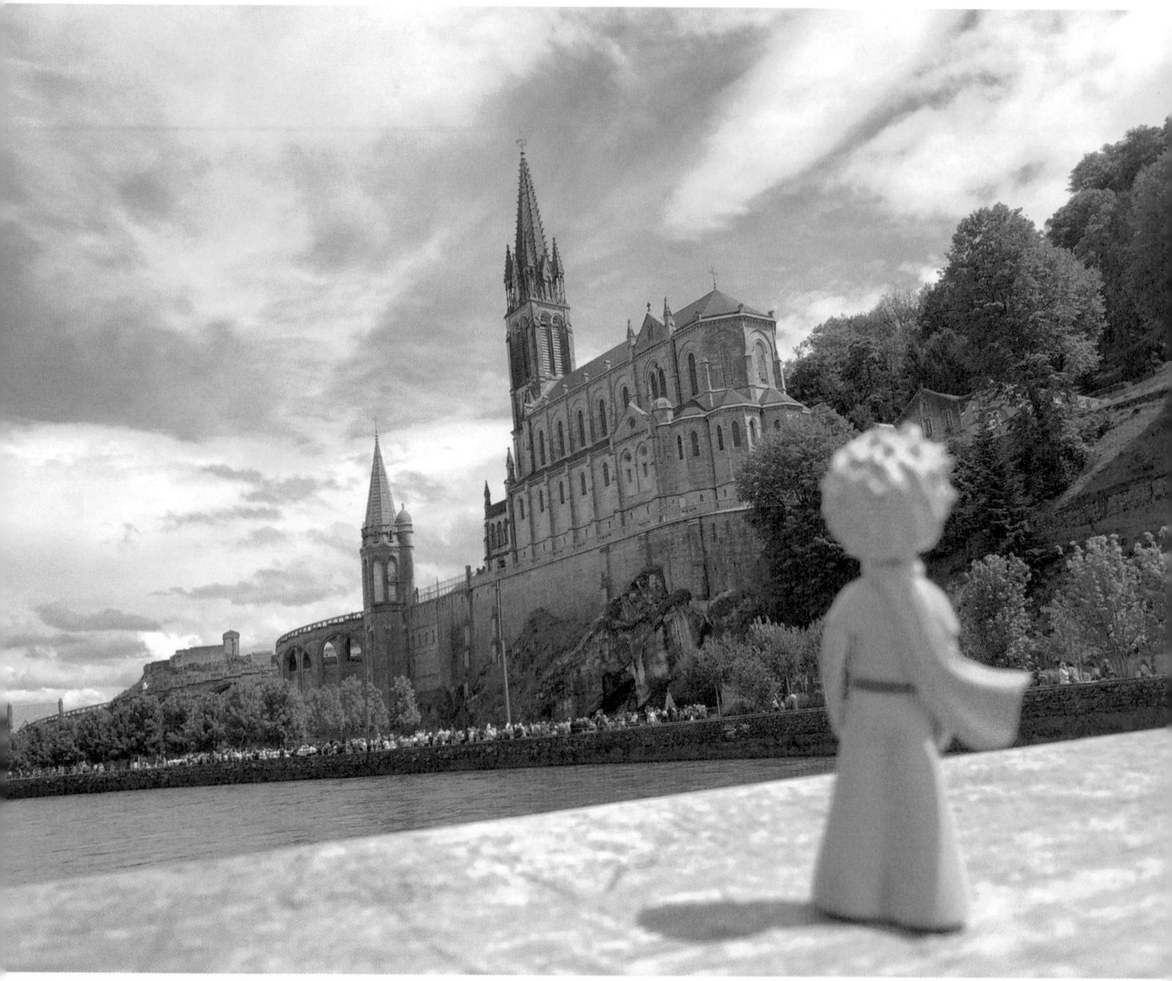

小王子陪我遊歷世界，如果你仍然不習慣自言自語，帶著你喜愛的公仔，便可以練習與自己最親密的內在對話。

化這些事情，即便你生氣，你也總是吞忍。因爲你清楚知道生氣會壞事，你的工作在關係上疊疊層層，你不允許因爲自己的情緒控制不好，而讓事情無法順利落幕，你該學習使用陽性的力量解決一些事情，而不是全部使用陰性的能量。你不是已經爲自己安排了旅程，一個全陽性的力量學習旅程？」

我驚訝於他竟然知道我的旅行安排，我的確安排了埃及，是一個崇拜太陽神的國度；我選擇了日本，連國旗都太陽高高掛；朝聖之路所屬的基督宗教是一神信仰，也是屬於陽性的能量，這些我都能理解，可是我還是有安排去拜訪抹大拉瑪利亞以及露爾德聖女啊，這些不就是陰性能量？

我的靈魂是這樣說的：「這是習性，你的高我都知道，這一趟學習都跟陽性力量有關，這是你不習慣的，所以你會在旅程中特別安排去一些女神信仰之地，也無妨，那會讓你舒服一些，舒適的學習沒有什麼不好。對了，你選擇去拜訪抹大拉瑪利亞，是跟你的前世有關。」

說來也奇特，我在三月出遊埃及，在那些太陽神廟裡總是提不起勁，卻對哈索爾以及伊西斯女神特別有感覺。去到日本富士山周邊，有那麼多神社，偏偏我對北口淺間神社特別有感應，後來才發現這間是少數主要供奉富士山女神木花開耶姬的神社。雖然，在聖雅各朝聖之路終點的太陽神廟做了夏至儀式。可是，我的習氣還是使我在開始走之前，先拜訪了露爾德聖女，而走完之後，我又去拜訪了抹大拉瑪利亞，而她們的故事很值得說給你聽。

露爾德聖女

清晨四點半起身，坐了五個多小時的高速火車，離開微雨寒冷的巴黎，前往庇里牛斯山下的小鎮——露爾德（Lourdes），這是個有聖人的小鎮，教堂因水患而進行工程修護，在關閉長達六年之後，於二〇一九年的四月五日重新開放，很幸運地剛好躬逢其盛。

這個聖人是伯爾納德，她所封聖的重大神蹟之一，是她的聖體在一百四十多年無人工防腐的條件之下仍如長眠，靜靜地彰顯並見證聖母的光輝。歷史上，在法國有兩位女子封聖，一位是我們熟悉的聖女貞德，她帶領法國人打贏聖戰，而另一位便是聖女伯爾納德。

白衣藍帶的聖母瑪利亞向聖女伯爾納德顯現十八次，在死後一百四十三年聖體仍然不朽，被視為奇蹟。

在一八五八年，有一位白衣藍帶裝扮的女子，自稱爲無染原罪者，第一次在山洞中向伯爾納德顯現，讓她爲世人祈禱，當時的伯爾納德只是一位十四歲的少女，也尚未受洗。在這之後陸續顯現了十八次，聖母瑪利亞一直到最後一次顯現，才告訴伯爾納德她的眞實身份。其中一次顯現，聖母瑪利亞對她說：「來，喝這泉水，並洗臉吧！」，她指引伯爾納德徒手挖泥土，挖出的小洞竟冒出了泉水。之後，這泉水治癒了許多絕症病人，被稱爲露爾德聖水，直至今日仍然不竭。

之後，於一八六四年，伯爾納德申請入南法仁愛修女院，對於過去的事，一句話也不提。有一天，一位修女向她提起露爾德的事，伯爾納德便指著屋角的一把掃帚說：「我好似這把掃帚一樣。

相傳露爾德聖水能治癒罹病之人，吸引世界各地的信徒前來。

露爾德的夜間彌撒，即使是平日，教堂前的大廣場仍然湧入虔誠的信衆，十分壯觀。

聖母在露爾德用了我，如今任務完畢，仍舊擱放在原處。我很高興，重新回到屋角來。」所以，在一八七六年，因著她的原因而興起的露爾德教堂落成時，伯爾納德謙卑地沒有出席參加這盛會。這讓我想到德蕾莎修女，在獲得諾貝爾和平獎時，也是如常地在加爾各答繼續照顧病人，並未出席頒獎典禮。

抹大拉瑪利亞

來到馬賽（Marseille），這個南法普羅旺斯地區有個傳說：相傳耶穌升天後，避免受羅馬人迫害的使徒，便紛紛四散，福音也隨之傳播各地。而抹大拉瑪利亞跟著幾個人搭上一艘小船，最後到了普羅旺斯的海邊。如同聖經《雅歌》中所形容的：「我的鴿子啊，你在磐石穴中，在陡巖的隱密處。」

是的，在抹大拉瑪利亞人生最後的三十年，在聖伯姆的石窟中住了下來，默默傳著福音，紀念神。我起了個大早，搭了火車、轉了公車、上了計程車後，風塵僕僕來到「聖伯姆森林」山腳下（這座海拔大概一千二百公尺的山，最負盛名的就屬抹大拉瑪利亞石窟（Grotte de Marie-Madeleine））。在一二七九年，普羅旺斯的查

相傳抹大拉瑪利亞人生最後的三十年，在聖伯姆的石窟教堂默默傳遞福音。

穿越聖伯姆森林，抹大拉瑪利亞的石窟教堂，便是興建在一千多公尺高的山壁上。

理二世公爵，在一座本篤會修道院的地下墓穴中進行挖掘時，挖到了抹大拉瑪利亞的大理石棺木，還發現了一張羊皮紙，記載於八世紀抹大拉瑪利亞被埋入此地。

我在進入這個山區時，有一種莫名的熟悉感，感覺小徑上經常有蜘蛛網垂掛在路上，但我定睛一看卻沒有發現，只是那蜘蛛網拂面的感覺一直存在著，像是穿越過一層一層的空間。中途，我在半山腰找了一塊大石頭休息，忽然間我的視線模糊，發現有人也在這塊石頭上休息，兩女三男圍坐著啃了些麵包，其中一男稱呼抹大拉瑪利亞堂姊，他在護送堂姊到石窟洞穴後便返回家鄉，後來的人生中，還來看過抹大拉瑪利亞一次。

歷歷在目的場景，讓我想起我出發前，「我的靈魂」說的那件事，我會選擇這個地方拜訪的原因。這個我其中一世的堂姊，抹大拉瑪利亞是誰呢？她是耶穌十二個使徒外的女追隨者，在不同

像是蜘蛛網拂面的感覺，穿越過一層層的時空，在左邊的大岩石上，我記憶起許多事。

讓光進來，能夠看清楚陰影的輪廓，全相的視野讓生命的呈現更趨完整。

石窟教堂的彩繪玻璃上，抹大拉瑪麗亞正用自己的頭髮擦拭並且親吻耶穌的腳，而耶穌也當場免去了她的罪行。這顯然是一個象徵故事，臣服，意味著接納全然的自己。

教會的許多詮釋中有稱她爲妓女，有稱她是惡魔纏身的女人，也有人甚至認爲她是祕教巫女，當然，也有人認爲或許她正是耶穌的女人。無論如何，抹大拉瑪利亞被指稱的都是當時社會所不容的身分。

《聖經》中的故事說到，有一次法利塞人透過宴請耶穌，也要求抹大拉瑪利亞出席這場宴席，目的就是要設局羞辱耶穌。而抹大拉早就聽聞耶穌的事蹟，則是把握機會出席了宴席。她拿著香膏用自己的頭髮擦拭並且親吻耶穌的腳，淚流滿面的懺悔，而耶穌也當場免去了她的罪行。

在當時的社會脈絡，一個女性追隨者——抹大拉瑪利亞終其一生跟隨耶穌，甚至在最後唯一見證了耶穌復活升天，這是一般使徒也辦不到的，她所承受的異樣眼光、內心的孤獨以及對耶穌的愛，著實令人感動。

終於，在二〇一六年羅馬天主教會宣布，抹大拉瑪利亞與耶穌其他男性門徒一樣擁有使徒的地位，甚至稱她爲「使徒中的使徒」，無獨有偶的，聖伯姆森林在二〇一七年被劃定爲聖伯姆國家公園，而二〇一八年抹大拉瑪利亞的電影在全球上映，這些時序上的巧合彷彿都呈現出抹大拉瑪利亞身分平反後的能量解封。

當然，這個不斷被證實的傳說，在普羅旺斯的故事有個結局；抹大拉瑪利亞來到洞穴教堂修行，去世後上帝派了四位天使接其升天了。

無論如何，抹大拉瑪利亞的一生，展現了女性的各種角色與特質，無論是現代女性或傳統女性都是。我想，如果聖母瑪利亞的無染是「勝義諦」，有著慈悲的能量。那麼堅忍的抹大拉瑪麗亞一定就是「世俗諦」。

朝聖路上，我只看過這位見證耶穌復活的使徒——抹大拉瑪利亞的雕像出現在教堂兩次，而且都位處不起眼的偏殿。然而，在進入朝聖之路最後一百公里，抹大拉瑪利亞開始出現在這條路上，一個是以抹大拉瑪利亞為名的修道院，另一個則是一間小教堂。這個房間大小的教堂坐落在Ventas de Naron，一個十多戶人家的小村落。

向晚的西班牙大多數人都在午休，沒想到這小教堂開著，於是我便探了進去。屋裡站了一個神職人員，打了聲招呼後，我便拿出朝聖者護照要給他蓋章，我走向前他抓住了我的手，示意要蓋章，我才發現他是失明的老者。

目前這座小小的抹大拉瑪利亞教堂，仍有一位失明的神職人員在服務，協助在朝聖護照上留下戳章。

十三世紀由佩納聖殿騎士所支持的醫院，如今是少數供奉抹大拉瑪利亞為名的教堂。

原來這地方，在十三世紀時是一間由佩納聖殿騎士所支持的醫院，專門為了醫治路上的朝聖者，後來這佩納聖殿騎士過世後，便荒廢傾頹。十九世紀時，這村莊村民把散落一地的石頭撿拾後，蓋了現在的小教堂，並且以抹大拉瑪利亞為名，主神龕亦是，上面寫著一段祝禱詞：

Maria Magdalena
te pito que me ayudes
A reconocer a Cristo en mi vida,
evitando las ocasiones de pecado.
Ayudame a lograr
una verdadera conversion de corazon
para que pueda
demostrar con obras
mi amor a Dios.

抹大拉瑪利亞
我請求你協助我
在我的生命中認識基督，
讓我避免落入犯罪的發生。
幫助我實現
眞正的心靈轉變
你可以用我來展示
對上帝的愛

19 同場加映：聖米歇爾山

花了來回近九小時的車程時間，搭乘火車轉公車，在開始走朝聖之路之前，我先去拜訪了聖米歇爾山（Mont-Saint-Michel），而這個地方非常值得一訪。當時只知道聖米歇爾山是法國的旅遊勝地，上頭有教堂以及修道院，我是一直到回台後，才在《凱爾特．最初的歐洲》的書中知道，原來聖米歇爾山在中古世紀以前，其實是凱爾特族人的聖山。

當時，我在登上聖米歇爾山時，感覺到這個地方的能量不像其他天主教教堂，它呈現多層次能量並存的狀態，我當時覺得有些訝異。沿著山城往上，沿路上的店家櫥窗，販賣許多天使、精靈、龍族、惡魔、魔法書等圖騰以及紀念商品。這些其實都可以視爲萬物有靈論信仰的凱爾特遺留，但其實天主教在此處發展，也有其故事。

天主教在聖米歇爾山的歷史可以追溯到公元七〇八年，當時主教奧貝夢見大天使聖米歇爾，希望主教建造一座教堂物以彰顯其偉大。但奧貝主教並沒有太在意此事，大天使連續兩次託夢都不以爲然。一天夜裡，大天使在電閃雷鳴中第三次出現在奧貝的夢中，他用自己的手指在奧貝主教腦門上點了一下。從夢中醒來的奧貝主

聖米歇爾山是凱爾特人的聖山，凱爾特人深信萬物有靈論，紀念品店的櫥窗內，可以看見各式天使、精靈、惡魔等雕像。

教摸到了腦門上的凹痕，驚覺不對，於是聖米歇爾山上就這樣有了第一座教堂。這也是我一直在強調的天主教興建教堂的起源，不一定是耶穌基督或者聖母瑪利亞的顯現，有時候可能會因爲聖人、天使或者是一個奇蹟；有時候可能是聖團騎士的一場戰役，便能與起一座教堂，這是歐洲天主教教堂多元有趣之處，也是爲什麼我推薦來歐洲旅遊尤其是走朝聖之路，一定要看教堂的原因。

位於聖米歇爾山山頂的教堂，目前屬於本篤教派，參加他們的彌撒有一種獨特的神祕氛圍。

聖米歇爾山作爲聖雅各之路的一部分，與耶路撒冷及梵諦岡被稱爲天主教的三大朝聖地。聖米歇爾山尤其從一九七九年被聯合國教科文組織列入世界遺產以後，便是法國接待最多訪客的景點，近些年甚至每年超過三百萬人到訪。如果你喜歡臺灣九份的山城風光，那麼聖米歇爾山可以理解成，法國中古世紀的九份山上建了一座城堡。許多電影像是魔戒、長髮公主、霍爾的移動城堡……都是以聖米歇爾山爲原型，創造出電影所需的場景。

原名爲墓石山的聖米歇爾山，

辨別善惡的大天使說：「二元對立是為了更容易看見守護的能量品質」，就像是此刻窗戶灑進來的光。

本來只是一個海邊小島，蓋起了比自身面積還要大三分之二的建築群，而且整個工程也橫跨了十一至十六世紀，包括羅曼修道院的教堂、隱修院建築群，從羅馬風格到歌德式建築等多種風貌。另外，幾乎以宗教爲主體的建築群，在十四世紀英法百年戰爭期間，也因地處戰略位置，於上方被建造了軍事工程，甚至後來的法國大革命期間，更是曾經做爲監獄使用。我想，這些因素都是造成我在能量感受上，對於這個地方的多層次理解，而唯一可以確定的是此處確實是一個能量聚合點。

在聖米歇爾山教堂鐘樓的頂端，有一座巨型鍍金的大天使雕像，重達八百多公斤，他手持利劍展翅而飛。這個大天使就是米歇爾又稱爲米迦勒，他是少數在《聖經》中有名字稱謂的天使。上帝要他守護伊甸園，當時也是他把亞當夏娃趕出伊甸園，《啟示錄》中記載他守護天堂而與惡龍爭鬥，而他亦能秤量人類的靈魂，區分

大天使聖米歇爾手持利劍展翅而飛，多次托夢給當時主教奧貝，並且在他的額頭敲了個洞，教堂便興起了。

善惡。

所以擁有區分善惡的天使長，會讓聖米歇爾山呈現什麼樣的能量呢？當我看到沿路櫥窗販賣著屠龍劍、聖歌CD並且與魔法書並列時，我便問了聖米歇爾天使與這個地方的靈性存有。

聖米歇爾是這樣說的：「善惡的顯化，不是只有現象上的對立，而是爲了更輕易看見『守護』的力量。」而凱爾特族人接續著說：「當你看著祂時，祂是如此地令人仰望，而當你成爲祂的時候，你便不再仰望祂了。」

這些話語出現的當下，我是困惑的。不過有時候這樣的靈性話語，本來就不是說給頭腦聽的，有些具有穿透力的話是爲了搖動靈魂。如果從整個聖米歇爾山的建築群來看，現在的教堂或者修道院看似是良善的表徵，但其實在歷史上這裡的監獄卻是關政治犯，甚至是實施酷刑的場域。

試想統治者爲了所謂的安定，對於政治犯施予不人道的極刑，也是在彰顯守護。而對於反對統治者的人而言，爲了推翻政權也是站在理念上的守護。所以，無論是惡龍、精靈、大天使、教堂、魔法書……等等看似對立的善惡二元，都是爲了彰顯「守護」。那份守護其實就只是一種能量品質，是合一後的一種狀態。

當我們遙望聖米歇爾山時，我們一眼便能看見大天使腳踩惡龍的善惡二元；當我們攀登聖米歇爾山時，感受一層一層並存的能量，便融入成爲多元的一部分。就如同我們經常在愛人與被愛之間，惦量著感受。但如果自身就成爲愛本身呢？我想，這便是聖米歇爾山的啟示。

20 寫在最後

走聖雅各朝聖之路，因爲一路向西走，每天早上邁開的第一步，影子總是在你眼前，如果影子代表了陰影與困難。我想，眞正的勇氣是：知道前方難過，仍然出發吧！

物質層面

許多人走完朝聖之路，都有一個共通的心得：那就是在出發時，分不清楚自己眞正的「需要」，擔心路上可能發生的各種狀況，於是將背包裡裝滿對付恐懼的用品。這一路上學會斷捨離，逼著自己將這丟掉，將那丟掉，減輕肩上負重的背包，才有辦法繼續往前。

人生的路也是如此，因爲不知道將來會發生什麼事情，我們的學習經驗裝滿類似的擔心與恐懼，以至於我們越來越不敢對生命展開，也限制了視野。走在人生這條朝聖路上，所有的必需，如果只有一個背包的空間，我們準備要放進什麼東西呢？

人生的背包負重多少才能前行？只要持續地走，「想要」跟「需要」便會自然的趨於一致。

朝聖者能夠清楚分辨自己人生中眞正的需要，那「想要」這件事是怎麼發生的呢？其實，我們在物質世界會有好多的「想要」，那一份想要的感覺，是自我對世界的一種認知。我們將這個認知層次建構起來，不知不覺自己也被包圍其中，然後，再一次成爲我們認知的世界。

讓我來說說男孩與男人的故事吧!還記得年少時，我們對於世界的想要就是一雙NIKE的籃球鞋，最好搭配穿上大大LOGO的厚襪子，每次打球回家途中，都會特別繞路去運動商品店，盯著櫥窗裡那一雙閃亮亮的球鞋，我們覺得只要穿上那雙鞋，球技一定會突飛猛進。後來的我們，也眞的用盡所有辦法得到了那一雙夢寐以求的運動鞋。

初入社會上班之後，腳上踩著皮鞋，也不知道從什麼時候開始，進一步地渴望一雙義大利手工皮鞋。長大後的我們，地球自轉的速率似乎會變得越來越快，想要得到的東西越來越容易實現，工作數年後便可以輕鬆購入各種手工鞋子。然而，現在的我們呢?翻開鞋櫃映入我們眼前的，每一雙都是機能鞋，包覆性要夠，要有足弓支撐的，一雙比一雙更輕。

每一個時期的自己，比如想要一雙鞋子，並無法建構自己以爲的世界。一樣在年少時，多麼渴望要一輛摩托車，想盡辦法要一台小綿羊，每天擦拭打蠟到一塵不染，就只是爲了在放學時，經過女中門口的公車亭。後來的我們，也會想要擁有一台汽車甚至是進口車，而每個「想要」只要透過不同方式的努力都有機會得到。一直到有一天，聽了朋友去了美國學習輕航駕訓，我們會驚呼出聲：「這完全是不同的世界啊！」

對！這完全是不同的世界！這句話不是在指稱佔有物質能力的不同層次。男孩與男人從一雙鞋與一輛車的歷程，不只是單單物質條件提升了，而是我們的認知層次。那一份想要，正是在表現我們被什麼樣的世界所包圍。就像是許多身心靈課程裡所宣說的：「你正在創造你的實相世界。」

不同認知層次有著不同層次的世界，我們在自己的同溫層世界，努力地過著「想要」的生活，想要的興趣偏好、想要的物質生活、想要的情感對象、想要的人際關係……。然後，我們在想要裡喜、怒、哀、樂。

朝聖路上，人生難得有機會陪自己走一段路，跳脫原來的社會脈絡，跳脫原本的文化認知，世界有機會歸於自己的中心，「想要」與「需要」會隨著徒步的腳步，越來越趨於一致。

街燈尚未熄滅，在異國的清晨醒來，我最常問：「我在哪裡？而我是誰？」

心理層面

這條朝聖之路，是人生難得的機會可以做自己，也是客觀上，人生可以名正言順偏離航道的時候。千萬不要複製別人的朝聖之路，因爲每一個偏離航道的冒險，都是生命深翻與淺培的起點。我知道有許多人帶著傷，或者帶著自己的故事走上這條路，請一定要走出史詩般的英雄旅程，不要再把傷與故事帶回來可歌可泣。

我要直接地說，這是千載難逢可以把自己故事放下的時候，身心靈課程喜歡談「創傷」，協助你回溯自己的原生家庭，甚至原生家庭挖完，還有課程設計讓你繼續挖所謂前世的傷。一定要記得，這些課程都只是帶你看見，但不是叫你停留在第三人稱。你就是第一人稱，你有責任在看到這些傷之後走出來，不要用第三稱的視角躲進故事裡，彷彿現在的人生處境與自己無關。

相信每一個人在決定走聖雅各朝聖之路時，就已經準備好負起責任「做自己」。你的旅程，並不是往外永無休止地尋找，你本身就是一個具有振動頻率的存有。你從自己的存在中，散發出想法、言語和行動的振動頻率。思想是心靈的振動；言語是你喉輪的振動；行動是你整個存在、亦即你所有能量體的振動。走這條路的每一個遇見，問自己：我現在正處於什麼樣的振動？

這條朝聖之路，是對神所有一切無盡的體驗，而這份對神所創造的體驗，同時就是自身神性的表達。要記得，你是自己信息的信使，在這條朝聖路上的所有的時刻，請重新創造關於自己的信息，你以此榮耀自己內在的神聖。

靈性層面

人其實是渴求靈性，但卻害怕眞正去進入靈性的殿堂，擋在靈性門口的往往是害怕的小我。小我會經常發問：我眞的可以碰觸靈性世界嗎？我內心有過太多壞思想，我值得眞正的靈性世界嗎？其實，在朝聖路上跟許多靈性存有的對話，我也懷疑過，但眞實的情況是，每一次的懷疑就與自己的源頭分離一次。因爲，我們經常會把靈性存有當作他者，一種外在於我們的存在，所以，我們會對於這些靈性存有的訊息感到懷疑與困惑，我們已將自己與內在的神性分離了。

其實，所謂靈性存有「在你之外，也在你之內」。如果，你無法眞實體會這一份「合一」，你會繼續流連在身心靈課程中，在追尋的道路上，不斷地與自己內在神性分離，隨著身心靈課程的起伏。你有時候會感到失望，擔心自己精神不正常，有時候你會沉浸其中，以爲自己是大師。但眞正的合一，是不會有這些情況發生的，你不會痛苦地抱怨你的生活很世俗，你不會躲進身心靈課程中喘息，你會在世俗之地，踩踏出靈性足跡。

這一條朝聖之路，依著聖雅各的名興起，他以全然地「相信」拉開序幕，就算是雷霆之子，當他接受生命之流時，便找到自己內在的平靜方式。你是否願意走上自己的朝聖之路呢？謝謝你閱讀到最後，文字帶有力量，也因爲文字我們「相視會心」；然而，文字從來無法說出眞理，最多只能說出「如、是、我、聞」。

出發吧！只有走上自己的朝聖之路，才能明瞭「我是道路、生命、眞理」的奧義，開啟「靈性出櫃」的旅程。

一邊仰望天堂的天使，背上卻有著黑翅膀，人們渴求靈性，卻也害怕進入靈性的殿堂。

眾生系列　JP0194

出走，朝聖的最初

文　　字／阿光（游湧志）
攝　　影／阿光、Elina L.Lovinsky
責任編輯／陳怡安
業　　務／顏宏紋

總 編 輯／張嘉芳
出　　版／橡樹林文化
城邦文化事業股份有限公司
104台北市民生東路二段141號5樓
電話：(02)2500-7696　傳真：(02)2500-1951
發　　行／英屬蓋曼群島商家庭傳媒股份有限公司城邦分公司
104台北市中山區民生東路二段141號2樓
客服服務專線：(02)25007718；25001991
24小時傳真專線：(02)25001990；25001991
服務時間：週一至週五上午09:30～12:00；下午13:30～17:00
劃撥帳號：19863813　戶名：書虫股份有限公司
讀者服務信箱：service@readingclub.com.tw
香港發行所／城邦（香港）出版集團有限公司
香港灣仔駱克道193號東超商業中心1樓
電話：(852)25086231　傳真：(852)25789337
Email: hkcite@biznetvigator.com
馬新發行所／城邦（馬新）出版集團【Cité (M) Sdn.Bhd. (458372 U)】
41, Jalan Radin Anum, Bandar Baru Sri Petaling,
57000 Kuala Lumpur, Malaysia.
電話：(603) 90578822　傳真：(603) 90576622
Email：cite@cite.com.my

內文排版／歐陽碧智
封面設計／兩棵酸梅
印　　刷／韋懋實業有限公司

初版一刷／2022年3月
初版二刷／2022年4月
ISBN／978-626-95738-5-1
定價／450元

城邦讀書花園
www.cite.com.tw

國家圖書館出版品預行編目（CIP）資料

出走，朝聖的最初／阿光（游湧志）著. -- 初版. -- 臺北市：橡樹林文化，城邦文化事業股份有限公司出版：英屬蓋曼群島商家庭傳媒股份有限公司城邦分公司發行，2022.03
面；　公分. --（眾生：JP0194）
ISBN 978-626-95738-5-1（平裝）

1.CST：朝聖　2.CST：遊記　3.CST：西班牙

746.19　　111001654

廣 告 回 函
北區郵政管理局登記證
北 台 字 第 10158 號

郵資已付　免貼郵票

104 台北市中山區民生東路二段 141 號 5 樓

城邦文化事業股份有限公司

橡樹林出版事業部　收

請沿虛線剪下對折裝訂寄回，謝謝！

橡樹林

書名：出走，朝聖的最初　書號：JP0194

橡樹林文化

讀者回函卡

感謝您對橡樹林出版社之支持，請將您的建議提供給我們參考與改進；請別忘了給我們一些鼓勵，我們會更加努力，出版好書與您結緣。

姓名：＿＿＿＿＿＿＿＿＿＿ □女 □男 生日：西元＿＿＿＿＿年

Email：＿＿＿＿＿＿＿＿＿＿＿＿＿＿＿＿＿＿＿＿

●您從何處知道此書？

□書店 □書訊 □書評 □報紙 □廣播 □網路 □廣告 DM □親友介紹

□橡樹林電子報 □其他＿＿＿＿＿＿

●您以何種方式購買本書？

□誠品書店 □誠品網路書店 □金石堂書店 □金石堂網路書店

□博客來網路書店 □其他＿＿＿＿＿＿

●您希望我們未來出版哪一種主題的書？（可複選）

□佛法生活應用 □教理 □實修法門介紹 □大師開示 □大師傳記

□佛教圖解百科 □其他＿＿＿＿＿＿

●您對本書的建議：

＿＿＿＿＿＿＿＿＿＿＿＿＿＿＿＿＿＿＿＿

＿＿＿＿＿＿＿＿＿＿＿＿＿＿＿＿＿＿＿＿

＿＿＿＿＿＿＿＿＿＿＿＿＿＿＿＿＿＿＿＿

＿＿＿＿＿＿＿＿＿＿＿＿＿＿＿＿＿＿＿＿

＿＿＿＿＿＿＿＿＿＿＿＿＿＿＿＿＿＿＿＿

非常感謝您提供基本資料，基於行銷及客戶管理或其他合於營業登記項目或章程所定業務需要之目的，家庭傳媒集團（即英屬蓋曼群商家庭傳媒股份有限公司城邦分公司、城邦文化事業股份有限公司、書虫股份有限公司、墨刻出版股份有限公司、城邦原創股份有限公司）於本集團之營運期間及地區內，將不定期以MAIL訊息發送方式，利用您的個人資料於提供讀者產品相關之消費與活動訊息，如您有依照個資法第三條或其他需服務之業務，得致電本公司客服。

我已經完全瞭解左述內容，並同意本人資料依上述範圍內使用。

＿＿＿＿＿＿＿＿＿＿＿＿（簽名）

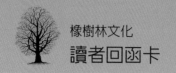